中学校理科サポートBOOKS

使える！楽しい！
中学校理科授業のネタ100

三好美覚 著

明治図書

はじめに

　今やインターネットにより，実験に使える題材も容易に手に入れることができるようになりました。また，教科書などにも，面白実験や発展実験が数多く紹介されています。しかし，それらのネタをどう料理するかは，各教師の力量により様々です。教師は，どう料理するか日々精進していかなければいけません。

　平成28年12月21日に取りまとめられた中央教育審議会「答申」によると，「単元や題材のまとまりの中で，子供たちが『何ができるようになるか』を明確にしながら，『何を学ぶか』という学習内容と，『どのように学ぶか』という学びの過程を，（中略）『カリキュラム・マネジメント』を通じて組み立てていくことが重要」とされています。ネタを知っているだけではダメなのです。教師は，そのネタをどう授業の中で活用していくのが新しい時代の子どもたちの資質・能力をはぐくむためにいいか，日々工夫していく必要があります。今こそ教師の教え方の変化が求められています。

　本書は，第１章では，生徒を理科好きにするための授業づくりのポイントをまとめました。何にポイントをおいて授業づくりをしていけばいいか，筆者が行ってきたことをまとめています。第２章では，各学年のネタ全100を説明ネタ，疑問ネタ，教具ネタ，実験ネタなどに分け，理科好きな生徒を育てたり，生徒自ら考える授業をしたりするために必要なネタが気軽に取り入れられるよう，ぱらぱらめくって使えそうなネタが見つかるようまとめています。

　本書で紹介した授業のネタは，あくまでも一例です。学校や生徒の状況から読者の先生方で改善を加えて，活用していただくことを目指しています。

　これからの時代は，ＡＩ（人口知能）がいろいろな場面で活躍していくこ

とになるでしょう。数年後の社会がどう変化しているのかも正確な予測が困難な時代です。平成27年8月26日教育課程企画特別部会「論点整理」にも示されたように，このような時代を生き抜くためには，答えのわかっている問題を効率的に解くことにとどまらず，答えが決まっていない問題を解決するために，多様な他者と協働したりしながら社会とかかわりをもって解決していくことです。そのためにも，生徒の学習意欲を喚起することが必要だと考えます。

　そして，私たち教師がまずできることは，学びが好きとか，教科が好きということを，生徒に伝染させていくことだと思います。理科が本当に好きだという教師のオーラは，言葉にして出さなくても，生徒たちには自然と伝染していきます。生徒に届くのは，教師のワクワク感があるときだと筆者は思います。授業の原点は，教師と生徒のワクワク感ではないでしょうか。

　NHK「プロフェッショナル　仕事の流儀」で，パティシエの杉野英実さんが「当たり前の事を積み重ねると特別になる」ということを語られました。教育に携わるなら，手間をかけなければいけないと感じます。日々の授業も同様で，ほんの小さな改善を積み重ねていくことが大切であると思います。例年と同じ授業をして手を抜けば，生徒にそれが自然と伝わります。教師のワクワク感が減少するからでしょう。毎年，生徒は変わりますから，生徒の状況に合わせて授業を変化させなければ，生徒のための授業とはならないはずです。

　当たり前のことを継続していくことは，難しい面もありますが，皆さんと一緒に筆者も成長したいと考えています。筆者の実践が，皆さんの理科授業改善に役立つことができれば幸いです。
　2017年4月

三好　美覚

Contents

はじめに

第1章 必ず理科好きにする！授業づくりのポイント

①教師自身が教材研究を楽しむ ……………………………………………… 13
②日常生活の不思議を学びとリンクさせる ………………………………… 14
③高くアンテナを上げて情報をキャッチする ……………………………… 15
④授業展開の引き出しをたくさんもっておく ……………………………… 16
⑤生徒を考えないといけない状況に追い込む ……………………………… 17
⑥生徒それぞれの言葉で繰り返し説明させる ……………………………… 18
⑦生徒を評価する（ほめる） ………………………………………………… 19
⑧理科室経営に力を入れる …………………………………………………… 20
⑨定期的に理科好き調査を行う ……………………………………………… 21
⑩単元構成全体を考えてみる ………………………………………………… 22

第2章 中学校理科授業のネタ100

1年

❶スケッチ練習は，ストーリーを添えて【観察】……………………………… 24
　（植物の生活と種類／生物の観察）
❷タンポポの花と綿毛は同じ高さ？【観察】…………………………………… 25
　（植物の生活と種類／生物の観察）
❸すてきなスケッチはみんなに提示【展示】…………………………………… 26
　（植物の生活と種類／生物の観察）
❹落花生の観察【観察】…………………………………………………………… 27
　（植物の生活と種類／植物の体のつくりと働き）
❺野菜を使って維管束観察【観察】……………………………………………… 28
　（植物の生活と種類／植物の仲間）

4

❻大きなミョウバンの結晶づくり【実験】 29
　（身の回りの物質／水溶液）
❼食塩は液化するのか？【疑問】 30
　（身の回りの物質／状態変化）
❽ブタンの気体を液体に【実験】 31
　（身の回りの物質／状態変化）
❾物質の三態は，モデル実験で説明【説明】 32
　（身の回りの物質／状態変化）
❿ポップコーンで学ぶ状態変化【実験】 33
　（身の回りの物質／状態変化）
⓫矢印が逆向きになるのはなぜ？【疑問】 34
　（身近な物理現象／光と音）
⓬光の屈折を簡単な実験で説明【説明】 35
　（身近な物理現象／光と音）
⓭授業とリンクした凸レンズの展示【展示】 36
　（身近な物理現象／光と音）
⓮おもちゃの天体望遠鏡活用【展示】 37
　（身近な物理現象／光と音）
⓯声でロウソクの火を消す実験【実験】 38
　（身近な物理現象／光と音）
⓰音の振動数をカウント【実験】 39
　（身近な物理現象／光と音）
⓱ロケット打ち上げの白煙の正体は？【疑問】 40
　（身近な物理現象／光と音）
⓲１Ｎを実感して理解【説明】 41
　（身近な物理現象／力と圧力）
⓳圧力の理解は紙コップで【説明】 42
　（身近な物理現象／力と圧力）
⓴ビニール袋を使って水圧を実感【実験】 43
　（身近な物理現象／力と圧力）
㉑大気圧で一斗缶をつぶす実験【実験】 44
　（身近な物理現象／力と圧力）
㉒火山灰の観察は園芸用土で【観察】 45
　（大地の成り立ちと変化／火山と地震）

㉓地震の実験は平ゴムで【実験】 46
（大地の成り立ちと変化／火山と地震）
㉔新幹線の地震対策システム【説明】 47
（大地の成り立ちと変化／火山と地震）

2年

㉕カルメ焼きの成功を高めるコツ【実験】 48
（化学変化と原子・分子／物質の成り立ち）
㉖カルメ焼きで分解の振り返り【実験】 49
（化学変化と原子・分子／物質の成り立ち）
㉗ゆで卵にできる硫化鉄【説明】 50
（化学変化と原子・分子／化学変化）
㉘理解を深めるたとえ話（酸化銅の還元）【説明】 51
（化学変化と原子・分子／化学変化）
㉙思考力をUPするカイロの実験【実験】 52
（化学変化と原子・分子／化学変化と物質の質量）
㉚静脈には弁があるって本当？【疑問】 53
（動物の生活と生物の変遷／動物の体のつくりと働き）
㉛理解を深めるたとえ話（血液成分のはたらき）【説明】 54
（動物の生活と生物の変遷／動物の体のつくりと働き）
㉜さしみは生きている？【疑問】 55
（動物の生活と生物の変遷／動物の体のつくりと働き）
㉝おならは香水？【疑問】 56
（動物の生活と生物の変遷／動物の体のつくりと働き）
㉞うんこのためになる話【説明】 57
（動物の生活と生物の変遷／動物の体のつくりと働き）
㉟人の目の構造【説明】 58
（動物の生活と生物の変遷／動物の体のつくりと働き）
㊱魚とヒトの目の水晶体の秘密【説明】 59
（動物の生活と生物の変遷／動物の体のつくりと働き）
㊲体験して学ぶ体の実験【実験】 60
（動物の生活と生物の変遷／動物の体のつくりと働き）

㊳筋肉のつく位置確認は手羽先で【観察】 ……………………… 61
　（動物の生活と生物の変遷／動物の体のつくりと働き）
㊴煮干しの解剖【観察】 ……………………………………………… 62
　（動物の生活と生物の変遷／動物の体のつくりと働き）
㊵乾湿てるてる坊主【展示】 ………………………………………… 63
　（気象とその変化／天気の変化）
㊶湿度は体を使って理解【説明】 ………………………………… 64
　（気象とその変化／天気の変化）
㊷露点も体を使って理解【説明】 ………………………………… 65
　（気象とその変化／天気の変化）
㊸生徒から学んだ飽和水蒸気量の説明【説明】 ………………… 66
　（気象とその変化／天気の変化）
㊹本当に気温が上がると湿度は下がるの？【疑問】 …………… 67
　（気象とその変化／天気の変化）
㊺前線の説明で使いたいゴミ袋【説明】 ………………………… 68
　（気象とその変化／天気の変化）
㊻寒冷前線のモデル実験装置【教具】 …………………………… 69
　（気象とその変化／天気の変化）
㊼なぜビンの上の10円玉が動くの？【疑問】 …………………… 70
　（気象とその変化／天気の変化）
㊽"考える"を意識させる静電気の実験【実験】 ………………… 71
　（電流とその利用／電流）
㊾手回し発電機で100Ｖ電球はつく？【疑問】 ………………… 72
　（電流とその利用／電流）
㊿ブレーカーが必要な理由を理解【実験】 ……………………… 73
　（電流とその利用／電流）
㉛実生活に役立つショート回路【実験】 ………………………… 74
　（電流とその利用／電流）
㉜実験で重宝するスライダック【教具】 ………………………… 75
　（電流とその利用／電流）
㉝答えが１つでない問題【試験】 ………………………………… 76
　（電流とその利用／電流と磁界）
㉞地球の北極はＮ極？【疑問】 …………………………………… 77
　（電流とその利用／電流と磁界）

Contents　7

3年

(55)細胞分裂観察のコツ【観察】……78
（生命の連続性／生物の生長と殖え方）
(56)体細胞分裂の様子を爪楊枝で説明【説明】……79
（生命の連続性／生物の生長と殖え方）
(57)花粉管の観察はこれで成功【観察】……80
（生命の連続性／生物の生長と殖え方）
(58)カワニナの精子観察【観察】……81
（生命の連続性／生物の成長と殖え方）
(59)遺伝子とDNAの違い【説明】……82
（生命の連続性／遺伝の規則性と遺伝子）
(60)簡単にDNAを取り出す方法【実験】……83
（生命の連続性／遺伝の規則性と遺伝子）
(61)電池をつくる条件を人間電池で確認【実験】……84
（化学変化とイオン／水溶液とイオン）
(62)身近なところで考えるイオン化傾向【説明】……85
（化学変化とイオン／水溶液とイオン）
(63)中和反応はでっかく【実験】……86
（化学反応とイオン／酸・アルカリとイオン）
(64)多角的な視点から語る生活の中の中和【説明】……87
（化学変化とイオン／酸・アルカリとイオン）
(65)中和反応熱は濃塩酸と水酸化ナトリウムで【実験】……88
（化学反応とイオン／酸・アルカリとイオン）
(66)ハサミと糊を持ち込みＯＫのテスト【試験】……89
（運動とエネルギー／運動の規則性）
(67)自由落下運動は簡単なこの実験で【実験】……90
（運動とエネルギー／運動の規則性）
(68)運動の記録にデジカメ使用【教具】……91
（運動とエネルギー／運動の規則性）
(69)水ロケットで作用・反作用を体験【実験】……92
（運動とエネルギー／運動の規則性）
(70)透明半球による太陽観察【観察】……93
（地球と宇宙／天体の動きと地球の自転・公転）

㊆ひまわり 8 号リアルタイム Web【教具】 94
　　（地球と宇宙／天体の動きと地球の自転・公転）
㊆継続した星座観測でなっとく！　その 1【観察】 95
　　（地球と宇宙／天体の動きと地球の自転・公転）
㊆継続した星座観測でなっとく！　その 2【観察】 96
　　（地球と宇宙／天体の動きと地球の自転・公転）
㊆星空観測会【観察】 97
　　（地球と宇宙／天体の動きと地球の自転・公転）
㊆星座早見盤【教具】 98
　　（地球と宇宙／天体の動きと地球の自転・公転）
㊆星の動きはレーザーポインターで【教具】 99
　　（地球と宇宙／天体の動きと地球の自転・公転）
㊆小・中連携で活用する日食グラス【教具】 100
　　（地球と宇宙／太陽系と恒星）
㊆行かないとわからない日食観測【説明】 101
　　（地球と宇宙／太陽系と恒星）
㊆天体おすすめソフト【教具】 102
　　（地球と宇宙／太陽系と恒星）
㊆金星のモデル実験【実験】 103
　　（地球と宇宙／太陽系と恒星）
㊆煮干しを使った食物連鎖の実験【実験】 104
　　（自然と人間／生物と環境）
㊆おもしろエネルギーの移り変わり実験【実験】 105
　　（科学技術と人間／エネルギー）
㊆頭皮の温度が低い，これはなぜ？【疑問】 106
　　（科学技術と人間／エネルギー）
㊆変化のある繰り返しで納得！　エネルギー変換【実験】 107
　　（科学技術と人間／エネルギー）

全学年

㊆塗り絵で基礎・基本事項の定着【教具】 108
㊆学びのツール　ISB【教具】 109

❽❼ISBを使って学びを理解【教具】 110
❽❽討論を引き起こす理科室の掲示物【展示】 111
❽❾考える理科室の掲示物【展示】 112
❾⓪逆巻き時計理論でつくるテスト問題【試験】 113
❾❶簡単に拡大する書画カメラ【教具】 114
❾❷目指せ！　歌う理科教師【説明】 115
❾❸ビデオ教材を見た後の共有【教具】 116
❾❹実験ショーに挑戦【実験】 117
❾❺実物を持ち込む定期テスト【試験】 118
❾❻プテラノドンが理科室でお出迎え【展示】 119
❾❼新聞記事で最新情報を紹介【教具】 120
❾❽話合いは起立して【説明】 121
❾❾眠っているグッズを展示【展示】 122
❿⓪理科室を意識させる実験【実験】 123

おわりに

第1章

必ず理科好きにする！
授業づくり
のポイント

筆者が初めて赴任した中学校の教頭先生が理科の先生でした。授業中，「すごーい！」と自分自身が感動しながら授業をされている姿を拝見しました。そして，大切なのは，教師自信が笑顔で楽しくワクワクしながら授業をすることであると教わりました。生徒の笑顔を見て，教師の理科好きは生徒に伝染すると感じた瞬間でした。それ以来，「理科は感動だ！」を合言葉としています。後に，縁があってお目にかかった，ソニー賞最優秀校を受賞された小森栄治氏がよく使われている言葉であることを知りました。

　さて，次期学習指導要領が告示され，理科の目標が示されました。「自然の事物・現象に関わり，理科の見方・考え方を働かせ，見通しをもって<u>観察，実験を行うこと</u>などを通して，自然の事物・現象を科学的に探究するために必要な資質・能力」（下線は筆者）を育成するわけです。筆者は，観察，実験を行うために，理科の授業は物理的にできない場合を除いて理科室で行っていました。環境は人を育てます。教室とは違う雰囲気の理科室で知的好奇心をくすぐり，ワクワクする環境で理科好きの生徒を育てたいものです。
　また，現行学習指導要領の基本理念を引き継ぎながら，「知識・技能」「思考力・判断力・表現力等」「学びに向かう力・人間性等」をバランスよく育てることが求められています。3つ目の「学びに向かう力」は，生徒を理科好きにするというアプローチからも高めることができると考えます。

　生徒は観察，実験を好みます。第2章で紹介するネタをそのまま活用するだけでも，楽しい授業をつくることができるでしょう。しかし，生徒がただ観察，実験をする行為を楽しむだけではなく，知的レベルの高い主体的な学びにするためには，押さえておきたいポイントがあります。そこで，次ページより生徒を理科好きにするために必要な授業づくりのポイントを10個挙げます。それを押さえたうえで，第2章のネタをうまく活用して感動の授業をつくり上げてみませんか。筆者が全国の優れた実践をされている先生方から教わった指導技術もできる限り伝えたいという思いも込めて執筆しました。

① 教師自身が教材研究を楽しむ

　理科の授業はしたくないという声を数学の先生から聞いたことがあります。理由は，「授業の準備が大変だから」ということです。確かに，他の教科に比べて準備のための時間が多く必要です。しかし，その準備のための時間を楽しみたいものです。教師の理科好きは，生徒に必ず伝わります。

　次の詩は，選択国語の時間に女子生徒が書いたものです。理科教師自身が教材研究を楽しむことが大切であることを教えてくれた私の宝物です。

〈先生〉

学校の先生は
一般的に
頭が良ければいいのだと
思っていたけど
最近思い直している

理科の三好先生は
授業の実験のために
用具を買ってきたり
手作りしたり

素晴らしいと思う
本当に理科が好きじゃないと
生徒を大事に考えないと
できない職業だと思う
おかげでとても楽しいです

日常生活の不思議を学びとリンクさせる

　日常の中で不思議を感じさせ，それを学びとリンクさせるような授業を創造することを目指したいものです。これまでに獲得している知識と知識をつなぎ，わかったと実感できる授業展開となるように意識したいと考えます。そのためには，教師がその視点で日常生活をとらえ，生徒とともに学ぶ姿勢が必要となります。

　以下に事例「インフルエンザが冬に流行する理由は？」を示します。

　湿度と気温の関係について授業した後，学んだことを使って日常生活と関連づけを図った事例です。インフルエンザが冬に流行する理由は，冬になると湿度が低くなるからではありません。大切なのは，湿度ではなく，空気1m³中の水蒸気量です。<u>空気1m³中の水蒸気量が11gより少なくなると，インフルエンザ</u>

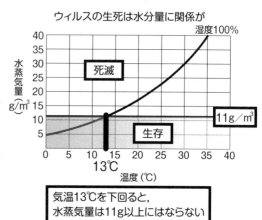

ウィルスが生き残りやすく，流行が始まります。気温が13℃を下回ると，湿度が100％になっても水蒸気量が11g以上にはならないのです。インフルエンザウィルスを死滅させるには，気温を上げて，湿度を上げることがポイントとなるわけです。

　また，これまで以上に，本物（地域の人・物・自然・文化）を活用した授業を創造していくことが必要です。社会とつながる授業となるよう，専門機関からの講師派遣なども有効に利用して生徒の好奇心に灯をつけたいものです。

③ 高くアンテナを上げて情報をキャッチする

　最近は，大学においても，中学理科教師のための講座を開講しています。これを利用することで，最新の情報を得ることができます。最新の情報を授業に取り入れれば，生徒も夢中になって参加します。また，中学校と大学との連携につなげることもできるチャンスです。

　秋の研究会シーズンには文部科学省調査官や著名な大学の先生方の講演を聴く機会があります。自分の力量を向上させるためにも参加することは有意義です。参加が無理な場合でも，例えば，「校内研修シリーズ」をYouTubeで試聴することができます。「独立行政法人教職員支援機構　YouTubeチャンネル」で検索すると，14テーマの講義を見つけることができます。

　また，テレビではなく，生のコンサートやお笑いライブからも，授業づくりのヒントを得ることができます。機会があれば，話の間とか，つかみなどから学ぶのもいいと思います。

　そして，本当に大切なものが，必ずしも本やビデオなどになっているとは限りません。科学者が論文に書かれている通りに実験を行ってもうまくいかないことがあります。そこには，言葉や文章では伝えられない「コツ」が存在しています。ですから，直接相手と会って話を聞いたり，授業を見せてもらったりすることも大切です。人と人とのつながりから学ぶことは，今の教育で求められていることです。社会に開かれた教育課程，なぜ学ぶのかを学べる教育課程となるように工夫したいものです。

　授業に関係のある新聞記事や資料，掲示したもの，展示したもの，学習に使用したもの（ワークシートや指導案）などは学年別や分野別に分けて整理しておくことをすすめます。人間の記憶は曖昧です。これまでつくってきたものを土台にしてブラッシュアップすることで，授業づくりの効率を高めることになります。

授業展開の引き出しをたくさんもっておく

　指導案は，生徒の思考を考えて作成します。
　「あのクラスの○○君なら，こんな考え方をするんじゃないかなぁ」などと考えるわけです。よく，小学校の指導案には，吹き出しを使って児童の考えをたくさん記述してあります。あのクラスの児童なら，こんな思考や発表をすると思われるものをできるだけ記述しているわけです。
　この作業をしっかりとしておくことは，この後で述べる，たくさんの引き出しをもつことにつながります。予想していなかった発言であっても，それまでにできる限り生徒の思考に寄り添ってシミュレーションして考えているため，徐々に的確な対応がとれるようになっていきます。
　指導案はあくまでも教師が考えた案です。授業の中で生徒の思考を見取り，適切に対応することが大切です。つまり，引き出しをたくさんもっておいて，場合によっては別の方法から授業を展開できるまで力量を高める必要があります。コンサートのライブも同じです。決まった段取りで進行するのではなく，お客さんの反応を見て曲を変更したり，MCをしたりするから盛り上がるのではないでしょうか。
　生徒自身が課題を設定したり，新しい知識を見いだしたりする生徒主体の探究的な授業を目指したいものです。そこで，ポイントとなるのが「課題の設定」です。生徒の思考をつなげて課題が提示できるような工夫をすることが必要となります。教師が，今日の課題は○○ですと示したのでは，自分事として探究する活動にはなりません。
　しかし，このような「生徒主体の問題解決的な授業」を毎時間行うのは，現実的ではありません。基礎・基本などの教えるべきことはしっかりと教える「教師主導の授業」も大切です。ルーペや顕微鏡，電圧計などの器具の使い方や理科用語などは，しっかりと身につくよう，丁寧に教える必要があります。

生徒を考えないといけない状況に追い込む

　授業の主人公は生徒です。しかし，教師が教材研究をして教えたいことが多くなればなるほど，教師ばかりがしゃべる授業になりがちです。発問をして，数人の生徒が挙手をして発表します。その発表が合っているので，教師は安心して次へ進むという授業は，教師の描いたように流れていきます。しかし，生徒の思考は大切にされておらず，大部分の生徒は理解していない授業となります。これでは，生徒は受け身の講義型の授業です。
　「どうしてそう考えたの？」とか「隣の人は○○さんの考えをどう思う？」などと全員を巻き込むことが大切です。発問によっては全員に答えさせて，全員がうなる時間をつくることも大切だと思います。
　筆者は，時間をかけてしっかりと考えさせたい発問を，この単元のこの場面ですると決めていました。このような発問のときには，「私は，答えを言いませんよ」「頭をフル回転して，考える時です」「頭をフル回転すると，糖分を必要とするからダイエットになるよ」などと冗談も入れつつ，考えさせました。答えられないと，起立するシステムにしていましたから，クラス全員が答えられなくて起立してしまったことも珍しくありませんでした。教師が答えを絶対に言わないことも，考えさせるためのポイントです。
　全員の頭の中は，フル回転している。考えないといけない状況に生徒を追い込むのが教師の役割だと考えます。考えさせるときには，しっかり考えさせる時間を確保することもポイントです。
　頭の中の考えを言葉にするためにも，まず，個人でノートに考えを書き，班内で伝え合い，そして，クラス全体に広げることも大切でしょう。
　筆者の授業を受けた生徒が，卒業前に次の感想を書いてくれました。
　「授業の中で，特に理科の時間，自分の中で理解が深まっていくことがおもしろく感じられたので，実験や発表に積極的に取り組みました」

生徒それぞれの言葉で繰り返し説明させる

　教師の説明は，言葉が精選されており，聞こえはいいのですが，生徒に伝わらないことがあります。

　生徒がたどたどしくも，自分の言葉で一生懸命に発言しているときは，たとえそれが小さな声であったとしても自分の頭の中を言葉にして必死で発言しています。反対に，大きな声でスラスラと教科書にあるようなまとまった文章で発言しているときこそ，しっかりと生徒の理解度を見取る必要があります。ただ暗記しているだけで，理解していないこともあります。生徒は，教師の説明や教科書の説明を覚えようとします。しっかりと発表ができていても，実は理解できていないということがあるのです。授業においては，テストの答案として満点である答えを求めるのではなく，本質を理解し，生徒全員が納得するような授業展開となるように工夫することが必要です。

　ポイントは，Aさんが正解を発表しても，それで終わりにしないで，数人の生徒に繰り返し自分の言葉で説明させることです。教師の言葉でなく，生徒同士の言葉で理解することで，本当にわかったと実感します。これを繰り返すことで，考えることが楽しくなり，理科が好きになります。また，根拠を示して説明したり，書いたりさせることも大切です。特に，書く作業を通して，深い学びとなるようにしたいものです。

　教師も説明する力量を向上させることが必要です。筆者が初任者のとき，先輩のベテランの先生が花に水をやる際に，次のような説明をされました。

　「夏場は，水をしっかりとやらないといけません。声に出して101から110まで数えながらやります。それがちょうどいい量です」

　水を10秒間やるということを伝えるには，どのように水やりをすれば10秒間の水やりになるのかが具体的に示されており，今でもこの技を使わせていただいています。すべての生徒たちが成長を感じる授業とするためにも，このような技言葉も適切に使い指導したいものです。

生徒を評価する（ほめる）

　生徒を授業の中で評価する（ほめる）ことは，生徒の学習意欲を高める一番の方法だと考えます。
　「○○くんは，しっかりと立ってガスバーナーに火をつけています」
　「○○くんは，3つも気づいたことを書いています」
　「○○さんは，ノートに友達の発言や先生の説明を書いています」
などと，だれをほめているのかがわかるように言葉でほめることがポイントです。しっかりと生徒の活動の様子を見取って評価していくことは，周囲の生徒に対して間接的に何をすべきかを示すことにつながり，波及効果としてクラス全体の学習意欲を高めることにつながります。

　言葉による評価は，その行為に対してですから，生徒本人が具体的にほめられた（認められた）理由を理解することができます。もちろん，ノートやレポートなどにコメントを書いたりすることで評価することも可能ですが，評価のレスポンスが遅くなります。その場でほめることがポイントであると考えます。
　小学校教師はよく児童をほめていますが，中学校教師は生徒をほめる割合が少ないように感じます。評価するには，生徒の様子をしっかりと見ていなければできません。以前，筆者が研究授業をした際，生徒の様子をビデオカメラで撮影しました。授業中には気づかなかったのですが，演示実験中に前にも来ないで運動場を眺めている生徒がいました。全然気づいていませんでした。案外，見えているようで，実は生徒一人ひとりに目がいっていないものです。
　時には，言語を使わずただ生徒の横に立ち，あなたのことを見ている（認めている）ことを伝えることも大切であるとも感じます。一人ひとりを認める授業を行いたいものです。

理科室経営に力を入れる

　筆者が教師となり，1年半が過ぎたとき，小森栄治先生の日本一の理科室を見てみたいという思いにかられ，学校長に相談のうえ，年休をとって埼玉県まで見学に行きました。博物館のような理科室に衝撃を受けました。行くだけで楽しくなる。そして，理科を学ぶという雰囲気で満ちあふれているこの理科室に少しでも近づきたいと考え，撮影していた写真を手がかりにさっそく理科室の改造に着手しました。理科室を使いやすくすることは，生徒の科学に対する興味を高めることにも役立ちます。

　筆者は，もっと理科教師は理科室経営に力を入れるべきだと感じています。この本の100ネタの中には，理科室経営に役立つネタも数多く入れています。理科室に書画カメラは，絶対に必要です。実験の演示において小さなものを大きくテレビ画面やプロジェクターで映したりすることもできます。また，教科書を映してポイントを押さえたり，すばらしい生徒のノートなどを映して紹介したりすることもできます。

　そして，理科室の状況を記録しておくことが大切です。写真もいいですが，ビデオでも撮影しておくと，写真では記録できない部分も保存することができます。この記録があると，これを土台として理科室を効率よく整備することができます。筆者が整備した理科室の様子は下記の URL で確認できます。

http://www.dokidoki.ne.jp/home2/jr5bun/rikajyugyou/20100328seiseki-rikashitsu-1.htm
http://www.dokidoki.ne.jp/home2/jr5bun/rikajyugyou/20100328seiseki-rikashitsu-2.htm

　また，感動ある授業を行うためには，充実した理科室が必要です。教育にはお金が必要です。そこで，筆者は，経済産業省が実施しているエネルギー教育実践校として3年間で210万円近くの支援を受けました。他にも公的資金の案内が学校に届いているはずです。ちょっと手間をかけて整備してみませんか。

定期的に理科好き調査を行う

　筆者は，中間や期末テストにおいて定期的に理科好きかを確かめる調査を実施していました。その結果，中学3年生の「理科好き」という生徒の割合は90%近くとなり，これは日本平均を大きく上回っていました。しかし，男女別に見ると男子の「理科好き」97%に対して，女子の「理科好き」80%，男子の「理科の授業が楽しい」100%に対して，女子の「理科の授業が楽しい」80%でした。この結果から，理科嫌いの女子生徒を意識した授業をすることがクラス全体の理科好きを増やすことにつながると考えて実践を行いました。その結果，クラス全員が理科好きという結果を得ることができました。

　以下に示す感想は，いずれも理科嫌いの女子生徒によるものです。この感想から，女子生徒を理科好きにするためのヒントを得ました。
　「理科の授業をふつうに受けてきたけど，今では理科は生活するのに大切だと思いました。そう思えてくると，まだ理科はちょっと嫌いだけど，理科が楽しくなってきました。2年生が終わるまでに理科が好きになるようにしたいです」
　「私は，原子と分子の授業が好きです。最初は，よくわからなかったけど，色ぬりをなどをしてわかるようになってきました。まだ，原子記号などが完璧に覚えられていないので，きちんと覚えておきたいです」
　「原子や分子の色ぬりをしたりしたのが楽しかった。理科はすごく苦手な教科で，難しいけど少しわかると，とてもうれしい」
　これらの感想の中には，生徒を理科好きにするキーワードが入っています。
・理科は生活するのに大切　　　　・難しいけどわかるとうれしい
・色ぬりをしてわかるようになった
　これらのキーワードをヒントに生活との関連を感じさせたり，わかったという喜びを感じる活動を取り入れたりしていくことが大切だと理解できます。

⑩ 単元構成全体を考えてみる

　単に理科好きにするだけなく，深い学びへと変えていくことが大切です。そこで，毎年，1つの単元でもいいので，単元全体の構成の流れを考えて，授業を行ってはどうでしょうか。単元全体を貫く根幹が何であるか，教師がしっかりととらえて指導ができるため，深い学びにすることができます。

　以下に，気象の単元において行った例を示します。まず，レディネス調査により生徒の実態を把握後，学習事項の洗い出しを行いました。その結果，アメダスやエルニーニョなどの気象用語や現象を，言葉としては知っているものの，気象についての知識は高くなっているが水蒸気が目に見えないことを認識できていない生徒が4割おり，現象を科学的に考えたり観察したりする経験が乏しいことが理解できました。

　そこで，単元全体の流れを，教師自身がイメージマップを用いてまとめました。これを描いている間に，自然に単元構成ができてきます（最近は，パワーポイントを使って描いています。理由は，考えた内容をどんどん書き込み，後で順序を変えることができるからです）。

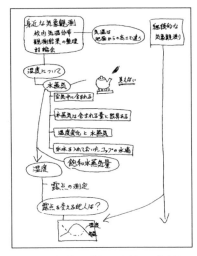

　このイメージマップ作成においては，単元を貫く根幹を「水蒸気（水の循環）」であるととらえ，水蒸気がかかわっている湿度や雲の現象を本当に理解することを大切にする構成になるように工夫しました。気象とその変化の単元は第2分野ですが，湿度の計算などの計算力も必要とされます。また，気象は，身近な現象を科学的に説明させる機会を多く設定できるため，現象を科学的に説明する力を育成するのに適した単元であると位置づけて実践をしました。

第2章

中学校理科
授業のネタ
100

1年　植物の生活と種類／生物の観察（第2分野）

観察ネタ
❶ スケッチ練習は，ストーリーを添えて

> 1年の授業がスタートしてすぐに，スケッチのしかたについて学びます。教科書ではよい例や悪い例が示されていますが，見る視点を定めるストーリーを紹介して，見るポイントを押さえたスケッチをさせてみませんか。

　地域にもよりますが，春ならば，学校の校庭のどこかには桜の花が咲いているでしょう。ところが，すぐに桜の葉で一杯になります。ちょうど，スケッチの指導をする時期が葉桜の時期ですから，筆者は，桜の葉をスケッチさせます。

　桜の葉の幹に近い部分には，蜜を出している部分（蜜腺）があります。実際になめると，甘いです。この蜜腺は，アリを呼び寄せるためにあると考えられています。桜の葉は，ガの幼虫などの昆虫が食べますが，桜は毛虫に葉を食べられてしまっては困ります。ですから，桜はこの蜜でアリを呼び寄せることで，アリにガの幼虫や卵を餌として巣まで運んでもらうという説があります（アリを蜜に呼び寄せることで葉を震動させ，毛虫が葉まで来ないようにしているという話も聞いたことがあります）。こんな自然界のすてきなしくみには，感心するばかりです。このように，ただスケッチさせるのではなく，こうしたストーリーを添えることで，見る視点が定まります。

　また，このスケッチの際には，特に葉脈と葉の縁に注意させることがポイントです。生徒は，よく見ずに思い込みで描きがちです。よく見ている生徒のスケッチを紹介し

たり，実際に葉を書画カメラでテレビ画面などに映して，見るポイントを押さえたりするなどして，本当に見るとはどういうことなのかを伝えることが大切です。

1年　植物の生活と種類／生物の観察（第2分野）

観察ネタ

タンポポの花と綿毛は同じ高さ？

> 植物などの観察を行う場合，見る視点をしっかりと示すことが大切です。教師の指示により，生徒の観察力は向上します。教師が具体的にポイントを示せるよう，具体的な指示を考えておきましょう。

「よく観察しなさい」は，具体的な指示ではありません。ですから，漠然としか観察しません。しかし，ある視点を与えると「あれども見えず」が，見えるようになってきます。

これは，小学校で使うといい事例かもしれませんが，

発問　タンポポの花と綿毛の高さは，同じだろうか？

などと問いかけてから，観察をさせると，タンポポの背丈にこだわって観察するでしょう。

どうですか？　タンポポの花と綿毛の高さは，どうなっているのか知りたくなったでしょう。「早く見に行きたい。観察したい」と思わせる具体的な指示です。

答えは，右の写真でご確認ください。タンポポは，種子が熟すと，花茎を高くし伸ばします。

この見る視点は，現熊本大学教育学部の渡邉重義准教授から教えていただきました。

1年　植物の生活と種類／生物の観察（第2分野）

展示ネタ
❸ すてきなスケッチはみんなに提示

> 小森栄治氏の実践に学び，植物や昆虫などのスケッチを夏休みの宿題に出しました。先輩のレベルの高い作品を見せて，簡単に描くポイントを説明することを毎年繰り返すと，徐々にレベルが上がりました。

　小森栄治氏の理科室を拝見させていただいたとき，数枚のスケッチをいただきました。それを理科室に掲示するとともに，プリントに印刷して配付し，スケッチを夏休みの宿題とすることを伝えました。これを目指して描くぞという意欲を感じた生徒がいたようです。生徒にはケント紙を配付し，サインペンで描くように伝えました。

　この理科でのスケッチを活かして，美術部の生徒が美術作品として下：右のような作品を完成させました。

　とかくこのレベルが中学生だろうと考えてしまいがちですが，生徒の能力は教師のレベルを超えます。この取り組みを通して，生徒は観察する眼を養います。理科室の環境を整備して，スケッチを提示することは，生徒の能力を高めることにつながります。

1年　植物の生活と種類／植物の体のつくりと働き（第2分野）

観察ネタ

④ 落花生の観察

> 種子の観察を、手で簡単に中を開けることができる、からつき落花生を使って行います。3年の有性生殖においても利用することができ、一人一観察をすることができます。

　スーパーなどで市販されている、煎ってあるからつきの落花生は、手で簡単に中を見ることができます。ですから、一人ずつからつき落花生を配付し、観察してスケッチをさせることが可能です。植物の有性生殖について学ぶ3年の学習でも使うことができます。

　落花生がどこにできるか知らない生徒が多いので、話をするとよいでしょう。実際に育ててみるのもいいですね。花は早朝に咲き、昼にはしぼんでしまいます。受粉は、自分の花粉がめしべの柱頭に付く自家受粉をします。受粉後は、花のもとにある子房で受精します。その後、子房の一部が土に向かって伸びて、土の中3〜5cmのところでふくらみ、さやができます。花が落ちたところにさやが生まれるから"落花生"と言われています。

　落花生を割ると、このように根・茎・葉のもとが観察できます。私たちが食べている大部分も胚の一部であり、子葉です。この部分に栄養が蓄えられています。なんと、この落花生1つで試験管の水が沸騰するほどのエネルギーをもっています。

〈参考資料〉
○JAグループ福岡　アキバ博士の「農の知恵」　ラッカセイの実はどこになる？
　http://www.ja-gp-fukuoka.jp/education/akiba-hakase/002/018.html

1年　植物の生活と種類／植物の仲間（第2分野）

観察ネタ
⑤ 野菜を使って維管束観察

> トウモロコシ（単子葉類）とホウセンカ（双子葉類）を利用して維管束を観察することが一般的です。しかし，準備ができなかったときには，身近に手に入る野菜を使って観測することができます。

▶準備するもの

アスパラガス（単子葉類），セロリまたはブロッコリー（双子葉類），切り花用染色液（着色剤）または赤インクを3倍にうすめたもの，カミソリの刃，双眼実体顕微鏡，ペトリ皿
※野菜はできるだけ新鮮なもの

▶手順

①観察をする2時間ほど前に，切り花用染色液などにつけて，道管に色をつけておきます。新鮮なものなら，10分も経つと葉の葉脈に色がつきます。
②赤く染まった茎を，横と縦に切り，どこに維管束の道管があるのかを確認します。食紅でも着色は可能ですが，うまくいかないものもあります。

アスパラガス（単子葉類）

セロリ（双子葉類）

〈参考資料〉
○北海道立理科教育センター『理科教育指導資料第33集2001年』

1年 身の回りの物質／水溶液（第1分野）

実験ネタ
❻ 大きなミョウバンの結晶づくり

> ミョウバンの正八面体の美しい結晶は，生徒にも魅力があります。この規則正しい形を見た生徒は，宝石を手にしたかのように丁寧に扱います。手間がかかりますが，ぜひ生徒の手で大きなミョウバン結晶をつくらせませんか。

　家庭でできる実験の1つが，大きなミョウバンの結晶づくりです。理科室に大きな結晶を展示し，結晶が大きくなっていく様子を展示しておけば，生徒たちはつくり方を理解し，家庭でつくろうとするようになります。

▶ミョウバンの飽和水溶液をつくる準備

①なべにきれいな水を入れておよそ80℃まで加熱し，ミョウバンを入れて，よくかき混ぜてこれ以上溶けないというまで溶かします。

②上澄み液をきれいに洗い，乾燥させたペットボトルに移します。底に小さい結晶ができれば，飽和水溶液となっています。上澄み液が白く濁っていれば，ろ過をします。フタをしっかりとして保存します。この上澄み液は，数日保存してから使用します。

▶手順

①タッパーに，ミョウバンの飽和水溶液を入れ，ほこりが入らないようにキッチンペーパーでフタをします。

②小さな種結晶ができたら，その中で形のいいものを選びます。

③別のタッパーにミョウバンの飽和水溶液を入れ，透明で形のいい種結晶をきれいに並べます。

④毎日，結晶のタッパーの底になる面を変えて，形を整えます。手間をかけて毎日繰り返すと，4cmほどまで大きくなります。

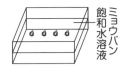

ポイント：手間をかけなければ，何事もすてきなものはできません。

1年 身の回りの物質／状態変化（第1分野）

疑問ネタ

7 食塩は液化するのか？

> 物質の状態変化について学びます。例として，水（液体）は冷やすと氷（固体）になり，熱すると水蒸気（気体）になることが示されることが多いです。では，食塩（固体）は，どうなのでしょうか。食塩の液体は存在するのでしょうか。

　水の固体は，氷です。では，食塩（塩化ナトリウム）は，温度を上げると液体になるのでしょうか。事前に行った白い粉の実験などで食塩を加熱しても変化が見られなかった事実がありますから，液体になることが実感として理解できない生徒が多いと思います。そこで，実際に演示実験しましょう。

▶準備するもの

　パイレックス試験管（直径16.5mm，長さ16.5cm），ガスバーナー，ボンベ式トーチバーナー，食塩（塩化ナトリウム），耐火ボード，金属製のトレイ，マッチ

▶手順

①試験管に5mmほど食塩を入れます。そして，2〜3cm上から何回か落として食塩のすき間を埋めます。
②ガスバーナーとボンベ式トーチバーナーを使って加熱します。
③食塩の固体が液体となることが確認できます。
④液体になった食塩を耐火ボードの上に置いた金属製のトレイに流します。マッチの頭をつけると着火します。

食塩の固体
食塩の液体

　常温では液体である物質に水銀があります。水銀もドライアイスの上に置いて冷やすと固体になります。これも見せると，さらに納得感が増すと思います。

1年 身の回りの物質／状態変化（第1分野）

実験ネタ
8 ブタンの気体を液体に

> 身近にある気体を液体にすることで，理解を深めたいものです。カセットコンロの燃料として使われているボンベには，ブタンが入っています。このブタンの気体を液体化する演示実験をしてみませんか。

　カセットコンロの燃料ボンベの中には，ブタンという気体が入っています。使い捨てライターの中にも入っています。ボンベを振ると音がして，中に液体が入っていることがわかります。ボンベの中では圧力がかかっているので，液体となっています。ブタンガスは，火をつけると燃えます。

　氷に塩を入れてつくった寒剤に試験管を入れ，そこにノズルをつけたカセットボンベを入れてブタンガスを出します。すると，試験管の底にブタンの無色透明な液体が溜まります。

　プロジェクターとスクリーンの間にブタンの液体を溜めた試験管を置き，試験管の底を手で温めると，スクリーンにモヤモヤとブタンの気体が出て行くのが見えます。また，試験管を横にすると，ブタンの気体が試験管の口から下方に流れていくのも見えます（ブタンは空気よりも密度が大）。

　ブタンの液体を溜めた試験管の口にマッチで火をつけると，トーチのように燃えます。手で試験管の底を温めると，炎が大きくなります（手で温めているとき，液体から出てくる気泡に注目）。

　ボンベからブタンガスを出すと，ボンベが冷たくなっています。圧力が下がると温度が下がることが，この現象からも理解できます。実験後，ボンベが冷たいことを確認しておき，2年の気象と関連づけするとよいです。

〈参考資料〉
○小森栄治『子どもが理科に夢中になる授業』（学芸みらい社，p.31）

1年 身の回りの物質／状態変化（第1分野）

説明ネタ
9 物質の三態は，モデル実験で説明

> 物質が固体→液体→気体と状態を変化させると，体積が増えます。物質をつくっている粒子を金属球などを使って演示したり，たとえ話でその様子を説明したりしながらイメージをもたせましょう。

▶モデル実験

　すべての物質は，顕微鏡でも見えないほど小さい粒（粒子）が集まってできています。そして，その粒子は，固体・液体・気体のどの状態であっても絶えず動いています。違いは，温度が高くなるほどその動きが激しくなり，粒子と粒子の間の距離が大きくなっていきます。この状態を再現するために，バットに金属球（パチンコの玉のようなもの）を数十個用意し，固体は少しゆらしてきちんと整列しているもののぶるぶるゆれている様子を示します。液体は，粒子と粒子の間が少し広がって形が自由に変わる様子を示します。気体は，数個の金属球をバットに入れ，激しくゆすって，粒子と粒子の間がかなり広がって飛び回っている様子を示します。

少しゆらすが，整列　　バット内を動き回る　　バットをはみ出して飛び回る

▶たとえ話

　次に，生徒が粒子，先ほどのバットを教室と仮定して状態変化の状況を考えます。（固体）温度が低いと寒いので，生徒はきちんとイスに座って整列しています。（液体）少し温度が上がると，生徒は教室内を自由に動き回っています。（気体）もっと温度が上がると，生徒は教室から運動場まで飛び出し，走り回っています。物質の三態の違いは，こんな状況の違いなんです。

〈参考資料〉
〇左巻健男『たのしい科学の本〔物理・科学〕』（新生出版，p.26）

1年 身の回りの物質／状態変化（第1分野）

実験ネタ
 ポップコーンで学ぶ状態変化

> 水が水蒸気に変化すると，体積が大きく変化します。この状態変化について，ポップコーンのできる秘密を学びながら理解していくことで，日常生活と関連づけた学期末最後の授業をしてみてはいかがでしょうか。

①ポップコーンをつくり，観察します。

　耐熱ガラス製の容器に，ポップコーン用の種を底が隠れるくらい入れ，コーンが大体浸るくらいの油を入れます。油の量が少なすぎると焦げてしまいます。アルミホイルでふたをして，火をつけます。
気づく点：ふたに水滴がつく。大きくふくれる。中身が外側になっている。
②ポップコーンのできる秘密に迫ります。まずは，次の発問をします。

発問　この水滴は，どこにあったもの？

S　実験前にはついていなかったから，ポップコーンの中にあった。
T　水を加熱するとどうなる？
S　温度が上がり，沸騰して，水蒸気になる。
T　水が水蒸気になると体積はどうなる？
S　液体が気体になると体積が約1700倍にも大きくなる。

　水が温度によってふくらむ性質を利用して，ポップコーンはふくらみます。でも，これだけではありません。ポップコーンは，"爆裂種"という名前のトウモロコシで，ふつうのトウモロコシの実より皮が固くて丈夫です。皮が固いと皮が圧力釜のように働き，中の圧力が高くなるため水分は沸騰しないで温度が上昇し，限界を超えたときにポップコーンがはじけます。

〈参考資料〉
○「気体の状態変化を調理室で実験」『楽しい理科授業 2008年3月号』（明治図書）

1年　身近な物理現象／光と音（第1分野）

疑問ネタ
11 矢印が逆向きになるのはなぜ？

「なぜ？」と思う現象を見せておき，これからの学習の中で理解を深める導入です。使うのは身近なもののため，家でも追試することができます。ここでは，2つの現象を提示して，これからの学習意欲を喚起します。

▶準備するもの
　紙，マジック，水，透明なコップ（できれば直径6cmほどの筒状のもの）
▶手順
　まず，紙に長さ約2cmの矢印を書きます。

①紙とコップをくっつけて（矢印巨大化）
　右のように矢印を書いた紙のすぐ前にコップを置きます。前から見ると，→が見えます。コップに水を注ぐと矢印がどうなるかを予想させます。水を入れていくと，矢印が大きくなります。

②紙とコップの間を15cm空けて（矢印反転）
　①との違いは，紙とコップの間を15cm空けることです。これで，水を注ぐと矢印がどうなるかを予想させます。矢印の向きが→だったのに，水を注ぐと←と逆になりました。

　これから，光の学習をしてこうなる理由が説明できるようになりましょう。

〈参考資料〉
〇ジュニアえひめ新聞「ピント！ラボ」（愛媛新聞，2015年6月14日）

1年　身近な物理現象／光と音（第1分野）

説明ネタ
　光の屈折を簡単な実験で説明

> 空気→ガラスの光の屈折は入射角＞屈折角になると覚えていても，すぐに忘れてしまいます。それは，納得していないからです。そこで，実験をしながら説明して，なぜ光が曲がるのかを理解することで学力の定着を図ります。

　光は，空気よりも密度が大きいもの（水，ガラス，アクリルなど）の中では，空気中よりも光の速さが遅くなります。

　　　密度：　空気　＜　水　　→　　光のスピード：　空気　＞　水

　これだけでは，なかなか納得できません。そこで，登場するのが，身近にあるペットボトルキャップやストローなどでつくる右の実験道具です。ペットボトルキャップと竹ひごは，グルーガンなどで接着します。

　画用紙の上に，両面テープを右の写真のようにつけます。両面テープをつけた部分が密度が大きい水のモデルです。斜めに実験装置を動かすと，両面テープにかかったところから，動きが遅くなり，右側が速く動いて屈折のモデルを示すことができます（写真：左側→右側）。もちろん，垂直に動かすと，屈折は起こりません。

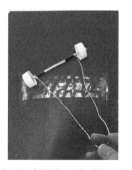
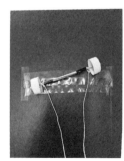

〈参考資料〉
○『新しい科学1上　教師用指導書』（東京書籍，p.99）

1年 身近な物理現象／光と音（第1分野）

展示ネタ
⓭ 授業とリンクした凸レンズの展示

> 凸レンズとして，廃棄するOHP（オーバーヘッドプロジェクター）のフレネルレンズを北向きの窓に貼りつけると，景色が上下左右逆に見えることがわかります。焦点の理解を遊びながら深める展示としておすすめです。

以前よく使われていたOHPは，学校の資料室などに保管されていたり，廃棄されていたりしていると思います。廃棄されるときに，資料を置く位置に取りつけられている大きな凸レンズであるフレネルレンズを取り外しておけば，廊下などに，授業とリンクさせることができる展示をすることができます。できれば安全面から，ガラスよりもプラスチックのレンズを使用している機種がおすすめです。

見ている人がフレネルレンズの焦点よりも内側にいるときは，外の景色が正立して見えます。

見ている人がフレネルレンズの焦点よりも外側にいるときは，外の景色が上下左右が逆になって見えます。

廊下で前や後ろに移動しながら外の景色を見るという遊びが，授業の学びとリンクします。また，逆の場合もあります。いつでも確かめられるのも利点です。

ただし，南側の窓につけると，太陽光線を集めてしまいますから大変危険です。北側の窓に，太陽の軌道を考えて掲示する必要があります。

1年 身近な物理現象／光と音（第1分野）

展示ネタ

おもちゃの天体望遠鏡活用

　光の単元で凸レンズについて学習をする際，凸レンズを使うと像が上下左右反対になって見えることを知ります。天体望遠鏡で実際に見るという経験を，普段の学校生活の中でさせる工夫を紹介します。

　1年の光の単元において，レンズについて学んでいます。ところが，3年の宇宙の単元において，望遠鏡を実際に覗いたことがあるか質問してみると，非常に少ないことがわかりました。これをどうにか解決する方法として考えたのがこのネタです。夜，星空観測会を開催するには，準備が必要となり，すぐに取り組むことはできません。そのため，簡易的に行う方法として，おもちゃの天体望遠鏡を活用します。

　授業中に望遠鏡を操作させていたら，かなりの時間が必要となります。そこで，休み時間や昼休みを使って右のようなおもちゃの天体望遠鏡を生徒自ら操作できるように工夫しました。「正」という文字を20mほど離れた場所に貼り，それを観察させます。また，自分の考えをまとめてから，確認のために観察させるクイズも用意しました。これなら，ピントを合わせる練習にもなります。

　ちなみに，屈折式望遠鏡は，焦点距離の長い対物レンズと焦点距離の短い接眼レンズで構成されています。対物レンズによって実像をつくり，接眼レンズによって拡大された虚像を見ています。

1年　身近な物理現象／光と音（第1分野）

実験ネタ

 声でロウソクの火を消す実験

> 音は空気が振動することで伝わります。その振動を利用すると，ロウソクの炎をゆらして消すことができます。少しの恥じらいを捨てて練習すれば，中学生でも成功させることができます。

▶準備するもの

ガラスのコップ（直径が6cm程度の細長いもの），ロウソク（小さいもの），燃焼さじ，マッチ，マスク

▶手順

①右の写真のように，曲げた燃焼さじにロウソクを立てて火をつけ，ガラスのコップに入れます。

②高い声を出し，コップの中のロウソクの炎の様子を見ながら，声の高さを変化させます。

③ロウソクの炎がゆれ始め，コップの中の空気がうまく振動すると，見事にロウソクの炎が消えます。

うまくいかないときは，燃焼さじを曲げる位置を調整し，ロウソクの炎の位置を変えます。または，ロウソクの長さを変えます。息で消していると思われるときは，マスクをした状態で，ロウソクの炎が消えないことを確認します。そして，マスクをしたままでコップの中のロウソクの炎を消します。

〈参考資料〉
○声で火を消す
　https://www.youtube.com/watch?v=zKC9S_UGk_I

1年　身近な物理現象／光と音（第1分野）

実験ネタ
16 音の振動数をカウント

音源の振動と音の関係については，オシロスコープやコンピュータソフトにより確認することが多いでしょう。実験で使ったモノコードの振動数は，目で数えることができません。でも，大型化するとこれが数えられるのです。

簡易モノコードを牛乳パックと平ゴムと鉛筆などで作成します。長いゴムを弾いたときと，短いゴムを弾いたときの振動数をいかにしてカウントすればよいでしょうか。目で数えることができません。生徒の中には，ビデオカメラで撮影して，スローモーション映像でカウントしたらよいというような考えを出す者もいます。

「よくわからないときには，どうしたらわかりやすくなるんだろうね？」などと問いかけると，「もっと大きな装置をつくってカウントしたらよい」という考えが出てきます（不思議なことに，筆者が行った授業では，生徒のアイデアとして出てきます。日頃から，物理実験は大がかりにするとわかりやすいなどと，話をしているからかもしれません）。

実験スタンドをおよそ8mほど離して2つ立て，そこに平ゴムを張り，指で弾きます。「10秒間で何回振動しているかカウントするよ」と告げて（事前にカウントする練習を行ってから行う必要があります），3回行い，平均をとります。次に，半分の長さとなる位置に実験スタンドを置き（張る強さは先ほどと同じくらい），短くした場合について，同様にカウントします。すると，明らかに短い方が振動数が多いことがわかります。

平ゴム（幅8mm程度）

1年 身近な物理現象／光と音（第1分野）

疑問ネタ
17 ロケット打ち上げの白煙の正体は？

> スペースシャトルを打ち上げる際，強烈な炎と爆音が発生します。その音のすごさは，動画などでも紹介されています。では，打ち上げのときに見られる白煙の正体はいったい何なのでしょうか。

　スペースシャトルは，2011年7月の飛行で終了となりました。一般の方が打ち上げを見ることができる場所は，かなり離れているらしいのですが，それでも打ち上げ時の音は，ものすごいと聞きました。

　さて，スペースシャトルは，打ち上げの16秒前までには，水消音システムが始動し，12秒くらい前にシャトルの下に大量の水が放水されます。この水は，猛烈なエンジンによる音響がシャトルの下から跳ね返り，それによるシャトル本体の損傷を防ぐためのものです。約41秒でタンクに蓄えられた1100トンの水がすべて放水されます。打ち上げ前から離陸時までの白煙のほとんどがこの水が蒸発した水蒸気が集まり，小さな水滴となったものです。

　つまり，水が水蒸気になることによって音のエネルギーが吸収されるわけです。大量の白煙はロケットの排気ではなく，蒸発した大量の水なんですね。

　音についての内容ですが，音によって，水が水蒸気に変化するというエネルギーの変換についての内容としても扱えます。

〈参考資料〉
○スワンドーブ　あまり知られていない雑学。「スペースシャトルの打上げ台は巨大なプールになっているらしい」
　http://swandove.blog.fc2.com/blog-entry-186.html
○Un-Nun.net　スペースシャトルの打ち上げについて
　http://unnnunnnet.blog47.fc2.com/blog-entry-128.html

1年 身近な物理現象／力と圧力（第1分野）

説明ネタ
18 １Nを実感して理解

> 力の大きさN（ニュートン）は，１年で学ぶ力の単位です。この１Nの大きさの説明を，マジックの要素も取り入れて説明すると，理解が深まります。また，生徒自身にもその力の大きさを体で感じさせます。

　100ｇにはたらく重力の大きさがおよそ１Nだと教科書にはよく書いてあります。でも，それがなかなか実感できません。

　では，どのように１Nの力の大きさを説明すればよいか，次に示します。ラップなどの紙筒に，右下の図のように切り込みを入れたものを用意します。ちょうど，このラップの芯の空洞に単一マンガン電池が入ります。単一マンガン電池はおよそ100ｇ（104.9ｇ）です（ただし，単一アルカリ電池は134.4ｇであるから注意！）。

　ラップの芯の上方から電池を右手で入れます。当然，下に落ちますから，左手で受け取ります。次に，同様に右手で電池を入れます。今度は，生徒に見えないようにラップの芯の切り込みに左手の親指の腹を押し当て，電池を押さえます。すると，生徒には，電池が途中でとまっているように見えます（生徒の反応によっては，このタネは明かすとよいです）。すかさず，「今，100ｇ重の大きさの力，つまり，１Nの力が地球の中心に向かってはたらいています。しかし，今はここで電池がとまっていますから，反対の上向きに同じ力がはたらいて，支えているんですね（3年ならつり合いについても語れます）。では，この上向きの１Nの力を皆さんに感じてもらいます」と語り，単一マンガン電池を生徒全員にわたします。各自の手の平に乗せて支えさせます。手が支えている力が１Nであると言えば，体感を伴ったものとなります。

　この演示は，北野貴久氏と海老崎功氏が開発されたものを基に考えました。

1年　身近な物理現象／力と圧力（第1分野）

説明ネタ

19 圧力の理解は紙コップで

> 紙コップを何個の上に乗ったらつぶれないかを考えさせることで，圧力についての概念を理解させます。そして，紙コップ1個当たりにかかっている力の大きさを計算してみましょう。

　筆者は，この実験があるから体重を60kgとなるように調整しています。その理由は，生徒に計算させたときに計算が簡単になるからです。60kgでない場合は，近い生徒に乗ってもらうといいでしょう。

> **発問**　体重60kgの人は，紙コップ1個に乗るとつぶれてしまいます。では，最低何個の紙コップに乗るとつぶれないでしょうか。

　この問いの後，生徒に予想させます。10個くらいと考える生徒が多いようです。右の図のようにイスを置き，足をそっと板につけて乗ります。4個ではまだつぶれません（3個にすると，つぶれてしまいます）。このとき，体重60kg（重力は600N）の力が4つの紙

コップにかかっています。つまり，紙コップ1個には600N÷4＝150Nの力がかかっていることになります。紙コップ10個にして乗る場合は，紙コップ1個当たりに600N÷10＝60Nの力がかかっていることになります。この紙コップ1個当たりの力の大きさという考え方が圧力です。実際に圧力を求めるときは，1辺が1mの正方形の大きさ（1㎡）当たりの力の大きさで表します。大きさをイメージするために，画用紙などで大きさを示すといいです。

〈参考資料〉
○小森理科資料室　自作ワークシート集　物理　第11版（2005年度）1年　圧力
　http://rika.o.oo7.jp/ws/ws.htm

1年　身近な物理現象／力と圧力（第1分野）

実験ネタ

ビニール袋を使って水圧を実感

　ビニール袋を使って水圧を感じる実験をします。その後，水圧がどの方向からも均等にかかることを理解するために，「しんかい6500」の潜航深度水深6500mに圧縮したカップ麺容器を見せることで，水圧を目でも確認することができます。

　手をビニール袋に入れたままで，水を入れた水槽やバケツに入れると，水圧を感じることができます（一斉にするなら，衣装ケースなどを利用するといいです）。また，70ℓ程度の大きなバケツに水を入れて，大きなビニール袋を使って同じように両手を
合わせて水に入れて同じ実験をします。深いところでは，合わせた手が離れなくなります。感覚的にはこんな実験でも簡単に水圧を感じることができ，生徒から「すごい！」と歓声が上がります。

　JAMSTEC（国立研究開発法人海洋研究開発機構）では，水圧の威力を見える化した展示として，0～10000mまで沈めると水深1000mごとに発砲スチロール製のカップ麺容器がどう変化するか展示してあります。深海の高い水圧を理解するのに最適です。まずは通常サイズを見せて予想させてから，水深6500mの水圧で圧縮したものを見せます。均一に力がかかっているので，文字も読めます。「見たいですか？」「本当に？」などと，少しじらすのがコツです。また，ここで，「しんかい6500」は，有人の潜水調査船としては，世界で2番目に深く潜ることができるという日本技術のレベルの高さにもふれたいですね。なお，現在はブタメンの容器に代わっているそうです。

〈参考資料〉
○カップ麺容器の圧縮について
　http://chikyu-to-umi.com/kaito/cupnoodle.htm

1年　身近な物理現象／力と圧力（第1分野）

実験ネタ
21 大気圧で一斗缶をつぶす実験

> 大気による圧力の大きさを、ふだんの生活の中では、吸盤などで感じることができますが、実感することはあまりありません。そこで、大気圧の大きさを視覚で感じる実験をしましょう。

　大気圧は、1㎡当たりに約100000Nの力がはたらいています。ハガキの大きさの面積の上に約1.5トンの重りが置かれているほどの大きさです。
　これを視覚で見える実験としては、空き缶や一斗缶を使う方法があります。また、ドラム缶を使う方法に挑戦してみるのもいいでしょう。

▶スクリューキャップ式のアルミ缶を使う方法
　缶に水を1㎝ほど入れ、加熱します。中の水が沸騰し、湯気が出てきたらガスバーナーを消して、空き缶のキャップをしめます。少し時間が経つと、一気につぶれます。

▶一斗缶を使う方法
①一斗缶に水400mlを入れ、カセットコンロに火をつけます。
②湯気が盛んに出てきたら、カセットコンロの火を消して、缶の穴を布テープでふさぎます。

※かなり入念に行うことがポイントです。
③カセットコンロから、濡れぞうきんの上に降ろします。
④数秒後、「ボコ、ボコ」と音を立てて、一斗缶がへこみます。

〈参考資料〉
○『新編　新しい科学1』（東京書籍、p.188）

1年 大地の成り立ちと変化／火山と地震（第2分野）

観察ネタ
22 火山灰の観察は園芸用土で

> 地域によっては，火山灰の用意は難しいと思います。そんなときには，園芸用土を利用することができます。また，場所によっては火山灰を含む土があります。使用すると，地域の自然を関連づけて考えるきっかけにもなります。

　九州の観光地では，火山灰が販売されています。購入しておくと，火山による火山灰の色の違いを理解するのに役立ちます。四国カルストである大野ヶ原の土（四国オンヂ）は，火山灰が積もってできた土です。このような土を使うと，生徒の地域自然への関心が高まります。

　まず，ホームセンターなどから鹿沼土，赤玉土，地域の土を準備します。

　そして，乳鉢でかたまりを粉砕します。粉砕したものを蒸発皿に入れ，水を入れて指の腹で押し，にごった水を流します。上澄みのにごりがなくなるまで繰り返します。ここで，棒磁石を使うと，磁鉄鉱を取り出すことができることもあります。

　底に残ったものを乾燥させ，双眼実体顕微鏡で観察します（顕微鏡でもLEDライトを上から照らすと立体的によく観察できます）。

　鹿沼土でも製品によって含まれる鉱物の種類や割合が異なります。火山灰による鉱物の特徴を理解するとともに，身近なところにも火山に関するものがあることに気づかせることにつながります。

〈参考資料〉
○三好美覚の理科の授業（園芸用土を使った火山灰に含まれる造岩鉱物の観察）
　http://www.dokidoki.ne.jp/home2/jr5bun/rikajyugyou/engei-zougan.html

1年 大地の成り立ちと変化／火山と地震（第2分野）

実験ネタ

23 地震の実験は平ゴムで

> 地震は直接実験をすることができません。ですから，モデル実験を行うことで興味・関心を高め，理解を容易にすることができます。地震のP波とS波の様子がわかる映像資料に，＋αのモデル実験を加えてみませんか。

地震のP波とS波によるはじめのカタカタという小さなゆれと後からくるユラユラという大きなゆれの様子がわかる映像資料として，筆者は2005年3月20日の福岡県西方沖の地震ニュースを使用しています。

その映像を見た後，P波とS波のモデル実験を行うと理解を深めることができます。約1.5mの長さのゴムひも（筆者は幅が約8mmを使用）を用意し，ゴムひもの上に2cm間隔でボンド（筆者はホットボンドを使用）をつけ，その

上に綿棒の中心を接着します。これを2人で1つ用意します。まっすぐにゴムひもを張り，片方の綿棒の端を強く指で弾くと震動が伝わります。先に縦波が伝わり，後で綿棒がゆれることで横波が伝わることが体感できるのです。

実験は，2人組で行います。ゴムひもの両端を片手で持ち，まっすぐになるよう引っ張ります。そして，地震を感じる人と地震を起こす人を決めます。地震を感じる人は，目を閉じます。地震を起こす人は，片方の綿棒を真上から強く弾きます。綿棒のゆれが地震を感じる人に伝わる前に手が上がり，縦波であるP波が先に伝わることが視覚でも理解できます。

平ゴムの幅を少し広いものにすると，地盤が固い場合のモデル実験も可能です。

〈参考資料〉
○『新しい科学　教師用指導書指導編2分野上』（東京書籍，p.103）

1年　大地の成り立ちと変化／火山と地震（第2分野）

説明ネタ
 新幹線の地震対策システム

> 日本の鉄道技術は世界的に見てもすばらしいものです。その1つが，早期地震検知警報システムです。すでに緊急地震速報を知っている生徒ですから，この技術も理解できると思います。

　列車は，急ブレーキをかけたとしても，すぐには停車できません。例えば，時速270kmで走行している列車は停止するまでに約3.9kmの距離が必要です。つまり，時速270kmで走っている新幹線が地震で大きくゆれると大変な事故が起こります。

　そこで，地震が起こると最初に届くP波を検知し，地震発生後1秒程度で走行している列車への送電を自動停止して緊急ブレーキをかけるシステムが開発されています。このシステムを「コンパクトユレダス」と言います。日本では，新幹線や営団地下鉄などで地震に備えて設置されています。

　2004年に発生した新潟県中越地震では，震度6強という強い地震が起きたにもかかわらず，新幹線が脱線・停止をして大惨事をまぬがれました。震源と新幹線との距離は約16kmであったそうです。大惨事が起こらなかったのは，この「コンパクトユレダス」をはじめ，様々な新幹線地震対策のおかげです。

　P波とS波の届く速さの違いを利用したシステムが，私たちの防災対策に多く利用されています。

〈参考資料〉
○（株）システムアンドデータリサーチ　2004年10月23日　新潟県中越地震における「コンパクトユレダス」の動作状況について
　http://www.sdr.co.jp/paper.html

2年　化学変化と原子・分子／物質の成り立ち（第1分野）

実験ネタ

カルメ焼きの成功を高めるコツ

> 同じことをしても，うまくできたり，できなかったりします。各自で工夫し，成功する体験をすることも大切であると思います。化学実験は，職人技の部分もあります。

　左巻健男氏は，カルメ焼きづくりに温度計を使い，火から下ろすタイミングを科学的に判断できるように工夫しています。また，小森栄治氏は，火から下ろすタイミングを泡の粘りけで判断することを報告しています。どちらにもよさがありますが，筆者はこの実験を通して，化学実験には職人技のようなコツがあることを伝えたいと考えています。

　そこで，次のコツを伝授します。

① 「ふくらしこ」を入れて激しくかき混ぜてもふくらまず，白くビールの泡のようになってしまったら加熱が足りていない。

② 「ふくらしこ」を入れて激しくかき混ぜてもふくらまず，黄色くなり，ふくらんだようだけど固まらなかったら加熱をし過ぎている。

　失敗した場合は，この中間の加熱を心がけてやればいいわけです。一人が成功すると，その成功体験が伝染し，どんどん成功者が増えていきます。

　昨年の生徒の作品を見本として理科室に展示しておきます。作成した生徒の名前と日付をつけています。使用している容器は，CD-Rなどのスピンドルケースです。これにより，成功のイメージをもたせることができます。

〈参考資料〉
〇左巻健男『理科おもしろ実験・ものづくり完全マニュアル』（東京書籍）
〇小森栄治，向山洋一『中学校の「理科」がよくわかる本』（PHP研究所）

2年　化学変化と原子・分子／物質の成り立ち（第1分野）

実験ネタ

カルメ焼きで分解の振り返り

> 炭酸水素ナトリウムを加熱して分解する実験を行いますが，日常生活と関連がないと，ただの暗記になってしまいます。カルメ焼きやホットケーキなどがなぜふくらむのかを考えさせることで，理科の楽しさを伝えてみませんか。

　カルメ焼きやホットケーキの断面には，たくさんのすきまが見られます。このようなすきまができる理由を，カルメ焼きをつくって考えてみましょう。

▶準備するもの

　砂糖，炭酸水素ナトリウム，卵の白身，金属製のお玉，ぬれふきん，お湯，割り箸（2本），ガスバーナー（卓上カセットコンロ）

▶手順

①卵の白身と同量程度の炭酸水素ナトリウムと砂糖を加えてよく練り，耳たぶの固さの「ふくらしこ」をつくります。

②お玉に砂糖を半分ほど入れ，砂糖が湿る程度の水を入れます。

③弱火で加熱します。

④泡がさかんに出る状態を過ぎ，粘りけのある泡に変化したら火から下ろして，ぬれふきんの上にお玉を置き，「101，102，103」と数えます。このとき，黄色くなってしまっていたら，温度が上がり過ぎています。

⑤割っていない割り箸2本をセロテープなどでくっつけ，太い方に「ふくらしこ」をたっぷりとつけて，全体が均一になるようにお玉の中で激しくかき混ぜます。割り箸をお玉の中央からそっと抜きます。

⑥ふくらみ終わり，固まるのを待ちます。お玉を弱火であぶり，紙の上にたたき落とします。

⑦お玉をお湯につけて洗います。

⑧断面にすきまができる理由を話し合います。

2年 化学変化と原子・分子／化学変化（第1分野）

説明ネタ

ゆで卵にできる硫化鉄

> 化学反応と言うと，どうしても実験室というイメージがあります。日常生活の中で，特に料理において化学反応が関係していることを示すと，料理に興味のある生徒にも理科との関連性が伝わると思います。

　鉄と硫黄が化合すると，硫化鉄という黒い物質ができることが教科書でもよく紹介されています。これは，実験も行います。

　実は，この硫化鉄は，ゆで卵をつくるときにもできているのです。料理は科学であることを知ることで，料理人を目指す生徒にも，科学が必要となることを伝えられるとよいと思います。

　80℃以上のお湯で15分以上ゆで，そのままにしておくと，黄身の周りが黒緑色になります（こんなゆで卵を見たことがあると答えた生徒がいたら，褒めたいですね。これを観察する目のある生徒は，どのくらいいるのでしょうね）。

発問　なぜ，卵をゆでると黄身の周りが黒緑色になるのでしょう？

　卵を80℃以上のお湯に入れたままにしておくと，ゆで卵の黄身の色が黒っぽくなります。これは，卵黄に含まれている鉄分と卵白に含まれている硫黄分が反応して硫化鉄をつくってしまうからです。

　料理の世界では，硫化鉄ができないようにするために，すぐに冷水で冷やしているそうです。温度を下げることで，余熱をとり，反応しないようにしているわけです。料理をするには，科学が必要であることを感じるエピソードです。

2年　化学変化と原子・分子／化学変化（第1分野）

説明ネタ

理解を深めるたとえ話（酸化銅の還元）

> 酸化銅を，炭素を使って還元する実験があります。酸素分子は銅原子よりも炭素原子と化合しやすいため，このような化学変化が起こります。実験した後で絵と文章を使ってまとめると，特に恋愛に関心をもつ生徒のやる気を引き出せます。

　酸化銅の還元実験では，化学反応式などできるだけ簡略化した形で反応が示されます。ここに，例えば，擬人化したストーリーが加わると，特に恋愛に関心をもつ生徒に伝わりやすいと感じます。

▶この実験の登場人物
　酸化銅，炭素，銅，二酸化炭素

▶ストーリー
①銅くんと酸素さんは，恋人同士でした。
②そこへ，炭素くんが現れました。
③酸素さんは炭素くんとつき合い始め，銅くんは1人になりました。

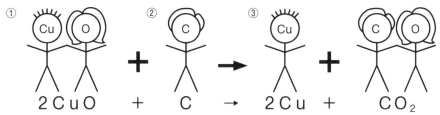

　あくまでもどのような反応が起きたのかを理解させるためのストーリーです。原子の数などは，実際とは異なっています。

　この後，1997年に大ヒットしたアニメ映画『もののけ姫』の中で，村人たちがたたら製鉄を行っていたことを紹介するといいでしょう。たたら製鉄とは，粘土で築いた炉に，原料の砂鉄と燃料の木炭を入れ，ふいごで炉内に風を吹き込み，燃焼させて鉄をつくる方法です。

第2章　中学校理科授業のネタ100　51

2年 化学変化と原子・分子／化学変化と物質の質量（第1分野）

実験ネタ

思考力をUPするカイロの実験

> すでに学んだことを使って考えることで，自分で答えを導くことができるように学びのしかけをします。意図して実験を行っておくことが生徒の思考力向上につながります。ここでは，鉄の酸化の例を示します。

　スチールウールの燃焼実験を行い，スチールウールに酸素が化合して質量が重くなることを理解します。この反応全体を理解するために，次のような実験を行い，生徒の考えをゆさぶります。

▶事前実験1
　スチールウールを燃焼させ，酸素の化合による質量の増加を確認します。

▶事前実験2
①水を入れたバットに燃焼さじを曲げて，その上にスチールウールを置きます。
②スチールウールに火をつけ，すばやく酸素を十分に入れた集気ビンを上からかぶせます。
③集気ビンの中に水が入ってきます。
※水が入るよう集気ビンの口にすき間ができるような工夫が必要です。
④なぜ集気ビンに水が入ってくるのか，みんなで考えます。

▶カイロを使った実験
　使い捨てカイロは，鉄粉が酸化する化学反応が起こって発熱していることを学んだ後で，この実験を提示します。事前実験を十分に理解していれば，答えを自力で導き出せます。

〈参考資料〉
○三好美覚の理科の授業（鉄を燃焼させると……）
　http://www.dokidoki.ne.jp/home2/jr5bun/rikajyugyou/fe-o2deh2oup.html

2年　動物の生活と生物の変遷／動物の体のつくりと働き（第2分野）

疑問ネタ

30 静脈には弁があるって本当？

> 静脈には弁があることを勉強しますが，教科書の図だけではよく理解できません。教師の人体を使って弁の観察をしましょう。手動式灯油ポンプも準備して，弁についても説明を加えましょう。

「動脈とは心臓から送り出される血液が通る血管」「静脈とは心臓に戻ってくる血液が通る血管」であり，動脈も静脈も血液ではなく血管であることを押さえます。

「血管をよく観察するには，血管がよく見えるようにする必要があります。どうしたらいいですか？」と質問します。すると，「筋力トレーニングをすると，血管が出て見やすくなります」などと返答があります。腕立て伏せをすると，酸素がたくさん必要となるので，血液が速く流れるようになります。

ここで，血管が観察できそうな男子生徒に声をかけて，教師と一緒に腕立て伏せをします。この日のために，教師もトレーニングしておきます。30回ほどすると，生徒も喜びます。

血管がよく見える状態にしてから，目立つ血管（静脈）を親指で押さえ，人差し指で手の方に強くしごきます。また，逆に血管を人差し指で押さえて親指でひじの方にしごきます。一方は，プクッとふくれます。これはなぜかを考えた後，静脈には逆流防止の弁があることを解説します。弁については，手動式灯油ポンプを見せて，説明するといいでしょう。

〈参考資料〉
○『中学理科第2分野上　教師用指導書』（教育出版，p.239）
○三好美覚の理科の授業（血管（静脈）の観察）
　http://www.dokidoki.ne.jp/home2/jr5bun/rikajyugyou/kekkan.html

2年 動物の生活と生物の変遷／動物の体のつくりと働き（第2分野）

説明ネタ 31 理解を深めるたとえ話（血液成分のはたらき）

> 教師の説明では伝わらないが，生徒が説明するとストンと心に入るということがあります。生徒の目線で説明するためにたとえ話をすると，理解が深まることがあります。

細胞が酸素や養分を受け取るしくみについて，教師が次のように説明しても，生徒にはなかなか伝わりません。

> 消化管で吸収された栄養分は，血液の中の血しょうに溶けて，全身の細胞に運ばれます。血しょうの一部が毛細血管からしみ出して細胞の周りを満たしていきます。これを組織液と言います。血液によって運ばれてきた酸素や栄養分は，組織液によって細胞に届けられます。細胞が呼吸することによって生じる二酸化炭素や水やアンモニアなどの不要なものは組織液によって毛細血管に戻されます（実際は，組織液の一部はリンパ管にも入ります）。

そこで，たとえ話をしてみましょう。血液にはたくさんの栄養や酸素が含まれています。つまり，血液が食堂のコックさんの役割をしているわけです。その栄養は細胞にまで運ばれないといけないのですが，血管と細胞の間はつながっていません。食堂ならば，コックさんからお客さんへと運ぶウエイトレスさんがいますよね。そのウエイトレスさんに当たるものが必要になります。それが血液の中の血しょうなんです。血しょうという名前のウエイトレスさんは，毛細血管からにじみ出ると名前が変わり，組織液と呼ばれるようになります。組織液という名前のウエイトレスさんが細胞まで栄養や酸素を運びます。細胞では食事をしますから，食べ残ったゴミとかができますね。それが二酸化炭素や水やアンモニアなどの不要なものです。不要なものは，組織液という名前のウエイトレスさんが毛細血管まで片付けてくれます。毛細血管にウエイトレスさんが戻ると，名前が血しょうに変わります。

2年　動物の生活と生物の変遷／動物の体のつくりと働き（第2分野）

疑問ネタ
 さしみは生きている？

> 1年では，葉緑体の観察をするためにオオカナダモの細胞観察をします。2年では，体の細胞と組織液の関係について学びます。わかった気になっている生徒に，この質問で理解を深めさせます。

　さしみが生きているという話をすると，死んでいるのでは？という答えが返ってきます。一般的に，心臓がとまったら死んでしまったと考えがちです。しかし，臓器や筋肉などはしっかりと呼吸して生きています。臓器移植などができるのはそうです，生きているからなのです。
　この話を聞くと，頭では理解したつもりになります。しかし，「さしみは生きているのだろうか？」と生徒に質問すると，「死んでいる」と答える者がほとんどです。生きているかどうかを調べるためには，どうしたらいいのでしょうか。
　生徒から，「生きているということは，呼吸をしていることである」と，答えが出るでしょう。すかさず，呼吸しているということは，どういうことかを確認します。「酸素を吸って二酸化炭素を出すことです」と返答があるでしょう。ここは，1年の植物の呼吸実験を思い出させて，リンクさせるチャンスです。ＢＴＢ溶液を入れたオオカナダモの実験を思い出させるのです。
　活き造りのさしみをＢＴＢ溶液の中に入れてやると，ＢＴＢ溶液が青色→緑色→黄色へと変わる様子が観察できます。

　この実験は，1年でのオオカナダモなどによる呼吸や光合成の実験の発展として2年で行うと非常によいです。まさに，1年での学びを活用した学習展開ができ，呼吸の意味を納得させるものになります。

2年　動物の生活と生物の変遷／動物の体のつくりと働き（第2分野）

疑問ネタ
33 おならは香水？

> おならには，硫化水素などの火山ガスも含まれており，嫌な臭いがします。ところが，実はすてきなにおいの成分も入っています。それはどんなにおいなのでしょうか？

　おならの主成分は，腸内細菌が消化物を分解するときに発生するガスや食事のときに飲み込んだ空気などです。健康な人が1日に放出するおならの量は個人差が大きく，400ml～2lだとされています。

　おならの成分を詳しく見ると，人の体質や食事によって違いがあります。一般に酸素は2％以下で，残りは窒素，二酸化炭素，水素，メタンなどの無臭のガスが大部分を占め，硫化水素，インドール，スカトール，アンモニア，揮発性アミン，揮発性脂肪酸などの悪臭のガスが微量含まれます。それらの成分は400種類と言われています。

　このうち，硫化水素，インドール，スカトールなどがにおいのもとになります。硫化水素は，火山ガスに含まれていて，腐った卵のようなにおいがあります。しかし，インドール，スカトールは，なんと香水の成分として利用されています。不思議ですよね。おならの中に，香水の成分があるのですから。悪臭のもとになるガスは，肉類や豆類などのタンパク質を食べたときに多く発生します。メタン，水素にはにおいはありませんが，引火性があります。

〈参考資料〉
○愛媛県総合科学博物館企画展「人体」パンフレット

2年 動物の生活と生物の変遷／動物の体のつくりと働き（第2分野）

説明ネタ
 うんこのためになる話

> 小学生に「うんこ」の話をすると，とても興味深く話を聞きます。中学生も同じです。自分の健康にも関係しています。また，1年の密度にも関係しているとは，驚きです。

　うんこは，人それぞれに重さに違いがあります。うんこに含まれているものの種類は違わないのですが，それぞれの成分の量が違うんです。成分の量は食生活や健康状態で大きく変化します。家庭から出されるゴミを見れば，家族状況や食生活などがわかるそうです。それと同じように体から出されるおしっこやうんこを見れば，自分の体調がわかるのです。

　自分が出したうんこをチェックしてみてください。うんこが浮いている日と沈んでいる日がありませんか。脂肪分の残りカスが多く含まれていると，うんこは浮きます。油は，水よりも密度が小さいので，水の表面に浮くことからも納得できますね。逆にタンパク質が多いと，水の中に沈みます。今日のうんこは，脂肪分の残りカスとタンパク質，どちらの割合が多かったでしょうか。

　食べ物の栄養を体に吸収し，残ったカスがうんこの主成分です。その残ったカスに肝臓でつくられた胆汁が加わって，うんこの色をつくります。さらに，寿命がきた腸の表面の細胞がはがれ落ちたものも，うんこの一部となります。最後に，腸内細菌が残った栄養分を分解します。そのとき生まれたカスも，うんこの一部です。ただし，消化とは消化酵素による化学反応なので，食べ物からエキスをしぼりとったようなカスではなく，もはや別のものと言えます。

〈参考資料〉
○愛媛県総合科学博物館企画展「人体」パンフレット

2年 動物の生活と生物の変遷／動物の体のつくりと働き（第2分野）

説明ネタ
 人の目の構造

> 目のつくりを学ぶとき，1年で学ぶレンズによる光の屈折と関連づけると効果的です。教科書の図を示して終わりでは，深い理解にはなりません。そこで登場するのが凸レンズを使った模型です。

まず，1年で学んだ，凸レンズが実像をつくることができることを復習します。教師は白衣を着ておき，大きな凸レンズを白衣の前に置きます。そして，凸レンズを前後させて外の景色が白衣に映ることを確認します。ここでのポイントは（外の景色）→（凸レンズ）→（白衣）の順番です。この順を図に示して，しっかりと押さえておきます。

次に，教科書のヒトの目の図を確認しながら，右のモデルを示します。丸底フラスコを取り出し，丸底フラスコに凸レンズとレジ袋を図のように取りつけます。すると，外の景色などがレジ袋を貼った部分に映ります。（外の景色）→（凸レンズ）→（レジ袋）の順になっており，実像ができるレジ袋の部分が網膜に当たることになります。

上下左右が反対になって網膜に実像ができている状況を確認することは意味があると思います。

授業後にも，右の写真のように各自で確認ができるよう展示コーナーをつくっておくと，何回も振り返ることができます。

58

2年 動物の生活と生物の変遷／動物の体のつくりと働き（第2分野）

説明ネタ

魚とヒトの目の水晶体の秘密

> 魚の目の水晶体は，まん丸の球状です。ヒトとは形が違います。ピント合わせに違いがあるのでしょうか。1年のイカの解剖，または2年の体のつくりで魚の水晶体を取り出させたときに説明すると生徒は納得し，効果的です。

　焼き魚を食べるとき，白くて球形の水晶体を見ることができます。本来は透明なのですが，タンパク質を多く含むため，熱を加えられると白くなるわけです。1年で解剖するイカの眼球の水晶体も同様に球形をしています。

　しかし，ほ乳類（ヒト）や鳥類は，教科書に図があるように，水晶体が球形ではなく，凸レンズの形状です。基本的な目の構造は同じで，角膜と水晶体で光を屈折させて網膜にピントを合わせています。

　ヒトは，凸レンズの形をした水晶体を厚くしたり薄くしたりすることで，ピントを合わせています。それに対して魚は，水晶体をこれ以上厚くすることはできないので，球状の水晶体を前後に動かしてピントを合わせています。水晶体を角膜近くに動かすと近くのものにピントが合わせられます。

　この水晶体の形の違いから，ピント調節の方法に違いがあることをプチネタとして話すと，納得感がアップすること間違いなしです。

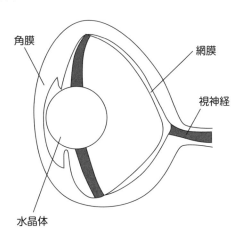

魚の目

　ちなみに，ニワトリの眼球は，ドッグフードであるニワトリの頭の水煮缶詰を使った解剖でも確認することが可能です。

2年 動物の生活と生物の変遷／動物の体のつくりと働き（第2分野）

実験ネタ
 体験して学ぶ体の実験

> 「動物の世界」の授業で，感覚器官についての実験は，以前の教科書と比較すると少なくなってきました。できる限り，各自で体験して自分の体については学びたいものです。時間があまりかからない実験を紹介します。

　味覚は，私たちが生きるうえでも大切な感覚です。この味覚を変える物質があります。ミラクリンという酸味を甘味に変える物質。これは，ミラクルフルーツが手に入れば体験することができます。感動すること間違いなしの実験です。入手はインターネットでできますが，値段が高いのと日持ちしないのが問題です。最近では，ドライフルーツも販売されています。レモンが丸かじりできる不思議，一度体験してみる価値ありです。

　また，ギムネマ酸という，甘みだけを感じさせなくする物質もあります。これは，スーパーや薬局でギムネマ茶を入手すればすぐに実践できます。少し濃いギムネマ茶を用意します。砂糖ではなく，あえてザラメを用意します。まず，ザラメの甘さと食感を確かめさせます。その後，ギムネマ茶を口に含み，口の中全体になじませるように1～2分間口にふくみ吐き出します（飲んでも可）。そして，再びザラメを食べます。「まるで砂を食べているみたい」という声が聞こえてきます。チョコレートやスポーツ飲料などはまた違った感じです。これはぜひ体験してみてください。30分ほどで味覚はもとに戻ることを伝え，終了します。個別に体験できる実験だけに本物の感動が体験できます。これなら理科室が使えない学校でも教室で実験できます。

　なお，アレルギーなどの対応は十分に考えて実施する必要があります。

〈参考資料〉
○三好美覚のミラクルフルーツ育成日記
　http://www.dokidoki.ne.jp/home2/jr5bun/mirakurufurute.html

2年　動物の生活と生物の変遷／動物の体のつくりと働き（第2分野）

観察ネタ
38 筋肉のつく位置確認は手羽先で

> ヒトの腕と構造が似ているニワトリの手羽先を使って観察してみましょう。内部の骨や関節，筋肉の様子，けんがどこにつながっているのかを観察します。手羽先は肉屋さんで売られているので，容易に入手することができます。

　解剖が苦手な生徒でもスムーズに取りかかれると思います。ただし，脂分ですべりやすいため，手を切らないように注意することが大切です（筆者は，ぬるま湯で脂分を洗って使用しています）。

▶手順

①手羽先を2人に1つずつ配ります。そして，皮をカッターナイフやカミソリを使ってはぎます。一気にはごうとせず，少しずつはぐのがコツです。

②うまく皮をはがせたら，けんがどの骨とつながっているのか調べます。ここをしっかりと確認させるのがポイントです。筋肉は1つの骨にくっついているのではないことがわかります。実験後に骨を描いた図に筋肉を描かせて確認するといいでしょう。けんの部分をさわると，堅くて引っ張ってもなかなか切れないことがわかります。

③右の写真のように，筋肉を引っ張って筋肉を縮めると反対側（下側）の筋肉が伸びて手先の部分が上にあがるように動きます。

〈参考資料〉
○動画（筆者撮影）
　http://www2.dokidoki.ne.jp/jr5bun/movie/H19tebasaki.MOV

2年 動物の生活と生物の変遷／動物の体のつくりと働き（第2分野）

観察ネタ
39 煮干しの解剖

動物の体のつくりについて学んだ後，煮干しの解剖をすると，体のしくみの理解につながります。煮干しですから，解剖が苦手な生徒でもできます。2年の脳と神経や3年の生殖の単元でも実施することが可能です。

体のつくりについて学んだ後，まとめとして，一人一実験で解剖を行います。煮干しはできるだけ大きなものを準備し，手で解剖します。柄付き針などを準備しておくと，細かい作業ができます。ヒトと同じ臓器も観察でき，授業の振り返りとして使うと効果があります。

授業では，必ず確認したい部分は一つひとつ確認し，丁寧に行いたいものです。神経や脳なども確認できます。実物の映像なども見せながら，スモールステップで進めることが重要です。解剖の手順などは，下記の資料を参考にするといいです。

なお，卵巣や精巣が見つけられますから，動物の単元を学ぶ2年だけでなく，生物の生殖について学ぶ3年においてもおすすめの実験です。

自分で黙々と取り組みますから，自然に無口になり，集中して取り組みます。解剖後は，きれいに実物を貼り付けてまとめておくと，振り返りで使用できます。

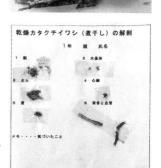

〈参考資料〉
〇煮干しの解剖資料室
　http://www.geocities.jp/niboshi2005/index.html

2年 気象とその変化／天気の変化（第2分野）

展示ネタ
40 乾湿てるてる坊主

> 気象分野において，湿度についての理解を苦手とする生徒が多く見られます。日々の湿度の変化を見える化することで，湿度と天気の関係に興味をもたせることができます。

▶準備するもの

さらし布，塩化コバルト，脱脂綿，たこ糸

塩化コバルト紙は，2年の炭酸水素ナトリウムの分解で使います。実験では，分解してできた液体が水であるかどうかを確認するために使います。

▶手順

①ゴム手袋をして作業を行います。100mlに5gの濃い塩化コバルトを溶かします。それに，さらし布を浸して，塩化コバルトで染まった布をつくります。

②脱脂綿を適当な大きさに丸めて，てるてる坊主の頭にします。乾燥した塩化コバルトで染めた布で脱脂綿の頭を包み，たこ糸でしばります。

| 発問　この乾湿てるてる坊主はどうなるのでしょう？ |

塩化コバルトは，水と反応すると　青　→　桃色　になります。

湿度が高い日には，桃色になります。湿度が低い日には，青色になります。つまり，晴れていると青色に，雨が降りそうになると桃色に変化します。天気が湿度と関係していることが理解できるグッズとなります。

〈参考資料〉
○理科実験応援サイト "Science Max" 理科ニュース・理科実験・宇宙関連
　http://sciencemax.web.fc2.com/experiment/02kagaku/humid/index.html

2年 気象とその変化／天気の変化（第2分野）

説明ネタ
41 湿度は体を使って理解

> イス1個を水蒸気1gが入ることができる部屋にたとえます。そして，生徒一人が1gの水蒸気として湿度を考えます。湿度が視覚化され，理解していないとクラス全体に迷惑をかけるため，生徒は必死で考えます。

　湿度の計算は，3年生でも難しいと考える生徒が多くいます。黒板で計算をしていただけでは理解できない生徒の中には，具体物を使って視覚化することで理解を深めるきっかけとなる場合があります。

　生徒が1gの水蒸気，イスが1gの水蒸気が入ることができる部屋とします。生徒（1gの水蒸気）がイスに座っている状態では，座っている生徒から水蒸気役の生徒がはっきりとは見えません。つまり，この状態は，目に見えない水蒸気を表します。イス（入る部屋）がない場合は，立っていないといけませんから，1gの水蒸気が目に見える水滴となっているわけです。

　まず，気温10℃のときの飽和水蒸気量を10gとし，「イスは何個用意すればいいですか？」と聞きます。10個のイスを準備し，「10％の湿度を表現しなさい」と指示を出します。1つのイスだけにだれかが座ればいいわけです。「20％の湿度」…最後に「100％の湿度」と指示を出すと，すべての10個のイスに生徒が座った状態となります。次に，気温20℃のときの飽和水蒸気量を20gとします。イスを20にします。「10％の湿度」と指示を出すと，あうんの呼吸で生徒2人がイスに座ります。変化のある繰り返しで納得する生徒が増えてきます。次に，気温30℃になり，飽和水蒸気量を30gとして同様に質問します。生徒同士で考えながら動き，必死に理解しようとします。

Aは座っているので
見えない→水蒸気

Bは立っているので
座っている人からもよく
見える→水滴

気温10℃
のときの
飽和水蒸
気量を10gと
すると

イスを10用意
水蒸気1g（生徒1人）

湿度50％ → 10のイスに5人が座っている状態

2年　気象とその変化／天気の変化（第2分野）

説明ネタ

露点も体を使って理解

> イス1個を水蒸気1gが入ることができる部屋にたとえます。そして、生徒一人が1gの水蒸気として湿度を考えます。温度が下がると、水蒸気が凝結して水滴（露）ができることを体を使って考えてみましょう。

　気温30℃のとき、1m³の空気中に10gの水蒸気がふくまれているとします。気温30℃のときの飽和水蒸気量はおよそ30g／m³です。イス1個が水蒸気1gが入ることができる部屋と仮定します。
T　イスは、何個用意する必要がありますか？　S　30個必要です。
T　君たちは、1gの水蒸気です。イスに座るのは何人？　では、座って。
S　（無言で10人が静かに座る）
T　気温が10℃に下がりました。そのときの飽和水蒸気量は10g／m³です。そのときの状態をつくりましょう。
S　（イスを20個減らして、10個に）
T　湿度は今、何％ですか？　S　100％です。
T　今、気温は10℃で、湿度100％です。もっと気温が下がります。気温が5℃になり、飽和水蒸気量が5g／m³となりました。イスは何個になりますか？　S　5個です。
T　座っていた水蒸気は、どうなりますか？
S　座っていられないので、立って、見えるようになります。立つのは5人です（5gの水滴が出る）。
T　今の湿度は何％ですか？　S　100％です。
　最初に設定した1m³の空気中の水蒸気量を変更して何回か繰り返すことで、理解が深まります。

2年　気象とその変化／天気の変化（第2分野）

説明ネタ

生徒から学んだ飽和水蒸気量の説明

> 生徒による説明は，教師の説明以上に生徒は注目して聞きます。生徒の説明により，クラス全員が一気に納得した顔になったすごい説明に出会いました。それ以来，この説明を筆者が使わせていただいています。

発問 露点がほとんど変わらない晴れた日，昼になり気温が上がると湿度が下がるのはなぜ？

　まず，ここでのポイントは，露点がほとんど変わらないということです。ここから理解できるのは，空気中の水蒸気の量がほとんど変化していないということです。では，なぜ空気中の水蒸気の量が同じとき，気温が上がると湿度が下がるのでしょうか。以下に，筆者もストンと心に落ちた説明を紹介します。

　生徒数人が説明しましたが，納得しない生徒が2割ほどいました。残りの2割の生徒も納得する説明ができないか聞くと，Mくんが勢いよく挙手をしました。そして，「道具を使ってもいいですか？」と筆者に聞いてきました。黒板でも電子黒板でもマグネットでも使っていいよと，筆者が説明で使おうと思う道具を示しましたが，彼は全然別の道具を選択しました。

　彼が選択したのは，大きさの違うビーカーです。両方のビーカーに同じ量の水を入れました。気温が上がると，飽和水蒸気量が増えます。これを，ビーカーの大きさにたとえたわけです。小さい方のビーカー（左側）は100％ですが，
大きい方のビーカー（右側）には水が20％しか入っていません。一目で納得させられ，クラス全員がうなずきました。

2年 気象とその変化／天気の変化（第2分野）

疑問ネタ

44 本当に気温が上がると湿度は下がるの？

空気中の水蒸気量がほとんど変化しないとき，気温が上がると湿度が下がります。これを実験で確認することはできるのでしょうか。どんな方法でやればいいか考えて，やってみましょう。

生徒が継続して行った気象観測結果から，露点がほとんど変わらない晴れた日のグラフを示します。自分たちが観測した結果を使うのがポイントです。このグラフから，露点がほとんど変わらない晴れた

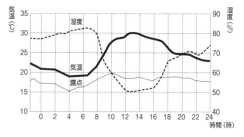

日に，昼になり気温が上がると湿度が下がることがわかります。

発問 本当にそうなるのか実験で確認することができるのでしょうか？

生徒に実験方法を考えさせると，空気を温めればよいなどが出てきます。具体的に何が必要かを考えさせることが大切です。空気中の水蒸気の量を一定にする必要がありますから，空気を入れたビニール袋を準備します。

ビニール袋の中に気温と湿度がデジタル表示される気温・湿度計を入れ，下からは湯たんぽで，上からはドライヤーで温めます。気温と湿度のセンサーの反応が遅く，実験結果が表示されるのに2分ほどかかりますが，確認することができます。

2年　気象とその変化／天気の変化（第2分野）

説明ネタ
45　前線の説明で使いたいゴミ袋

> 前線の説明では，立体的に描いた図などがよく使用されると思います。ここで，具体物としてビニール袋を用いて説明をすると，前線面や前線，気団などの意味もよく理解できると思います。

　透明なビニール袋（50～70ℓ）を2枚用意します。一方には赤マジックで暖気，もう一方には青マジックで寒気と書きます。そして，この2つの空気のかたまりである寒気団と暖気団を使って説明の準備をします。

| 発問 | これから，この冷たい空気のかたまり（寒気）と温かい空気のかたまり（暖気）が相撲をとります。どんな結果になると思いますか？ |

　予想される生徒の反応は，次の通りです。
①温かい空気のかたまりが勝つ
②冷たい空気のかたまりが勝つ
③お互いの力が同じで，動かない（決着がつかない）
　この答えを出しておいて，順に説明をしていきます。

　特に温暖前線において，暖気が上にのり上げながら，寒気を押している様子を立体的に視覚化することができます。寒冷前線ならば，暖気の下にもぐり込み，

暖気を急激に押し上げる状況が再現できます。進行方向に人形を置いておき，暖気が通りすぎると気温がどうなるかを質問すると，前線通過後の気温の変化も十分に理解することができます。
　ほぼ同じ勢力ならば，あまり動かない状態が続くことも理解できます。また，前線面や前線も，机の上を地面と見立てて説明することができます。

2年 気象とその変化／天気の変化（第2分野）

教具ネタ
46 寒冷前線のモデル実験装置

　寒冷前線のモデル実験の教具は，教材会社からも販売されていますが，アクリル板を買ってくれば，市販よりも安く自作することができます。自作の実験教具は，生徒の心をつかみます。

　筆者がつくった寒冷前線のモデル実験装置は，縦・横・高さが50mm×650mm×100mmです。アクリル板をホームセンターで購入し，専用のカッターで切って作成しました。中央の仕切りは，三角のアクリル棒で板を入れるガイドを作成します。

　空気のかたまりの代わりに，温かい水と冷たい水を使うことを確認します。温度の差が3～5℃あれば，実験はうまくいきます。筆者は，この実験装置に半分ほど水を入れてから仕切りをして，一方にはお湯を，もう一方には水を入れて，温かいと冷たいが感じられる程度の温度差をつくります。そして，温かい水には赤インクで，冷たい水には青インクで色をつけます。

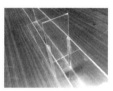

　中央の仕切りをそっと上げると，①赤と青の水が1秒後どうなるか，②30秒後どうなるかを予想して，図示させます。

　その後，中央の仕切り部分近くの特に青色の水に注目するよう指示を出し，演示実験をします。その際，中央の仕切り部分を動画で撮影しておくと，十分に見えていなかった生徒に対応ができます。数分後には，上が赤で下が青に分かれます。指先を装置の底に着くように入れてみます。実際に入れてみると，本当に指先が冷たくて，手のひら辺りは温かいことに感動します。思わず「すごい！」と声が出てきます。

2年　気象とその変化／天気の変化（第2分野）

疑問ネタ
47 なぜビンの上の10円玉が動くの？

> 空気は温められると体積が増加します。これが，ビンの上の10円玉が動く現象と関連づけて説明することができる力をつけるために，この課題を提示してみませんか。提示前の演示実験にもコツがあります。

　寒冷前線モデルの実験の後，暖気が上に，寒気が下にいく理由を考えるヒントとして，この疑問ネタを使っています。

▶準備するもの

　冷やしたビン（透明がいいが，なければビール瓶），10円玉，水，シャボン液，お湯

▶演示実験

①直前に冷蔵庫からビンを出し，ビンの口に水をつけ（密閉をよくするため），その上に10円玉を置きます。
②「ハンドパワーです」などと呪文を唱えてから，ビンを両手で温めると，10円玉がカタカタ音を立てて動き出します。
③実験を確認後，課題を出します。
※事前に必ず予備実験をしておきます。

> 発問　なぜビンの上の10円玉が動くの？　きちんと文章で説明しましょう。

　生徒の思考が停滞している場合は，10円玉を置いたビンをお湯につける実験も見せるといいでしょう。空気が温められて体積が増加したからだとわかるはずです。確かめの実験として，ビンの口にシャボン液をぬって，お湯に入れ，シャボン玉がふくらむのを確認します。ここで，なぜ温かい空気は上に，冷たい空気が下にいくのか，1年生の密度と関連づけて説明させます。

2年 電流とその利用／電流（第1分野）

実験ネタ
48 "考える"を意識させる静電気の実験

> 正解を求めたり，結果を求めたりするのではなく，論理的に考えて筋道の通った思考をすることを体験するショートプログラムです。生徒に"考える"を意識させることができる静電気の実験はいかがでしょうか。

　静電気について学んだ後，ティッシュペーパーでこすったストローを水に近づける実験をよくします。水がティッシュペーパーでこすったストローに近づくことを生徒は理解します。ここで，実験の結果をノートに記入させます。ティッシュペーパーでこすったストローは，水を引き寄せることが，基本事項となります。

　次に，コップにあふれるほどの水を入れ，その上に1円玉をそっと置きます。1円玉は，盛り上がった水の上に浮いています。浮かんでいる1円玉にティッシュペーパーでこすったストローを近づけます。どうなるのかを各自で考えた後，班内で各自の考えを説明し，話し合います。各班からの考えを共有し，クラス全体の各個人の考えを把握します。実際に実験します。1円玉がストローの方向に動くことがわかります。では，「なぜ1円玉がストローの方向に動くのでしょう？」これについて，筋道の通る説明をするように求めます。

　基本事項で何を理解したのか振り返りつつ，教師が説明するのではなく，生徒の発言をつないで答えに辿り着く授業となるようにしたいものです。1円玉を置かないで実験をすると，水がストローの方に盛り上がっているのが見られます。横から観察します。この水の盛り上がりによって1円玉が動いたのです。つまり，ストローが引き寄せていたのは1円玉ではなく，水なのです。

2年 電流とその利用／電流（第1分野）

疑問ネタ
49 手回し発電機で100Ｖ電球はつく？

> 一般的な手回し発電機は，1個で直流12〜15Ｖの電圧を出すことができます。市販の100Ｗ白熱電球は，100Ｖ用です。手回し発電機を使って100Ｖ電球をつけることができるのかを考え，実験してみます。

　中学校で使われている手回し発電機は，普通1個で12〜15Ｖの電圧を出すことができます。小学校で使われている手回し発電機は，およそ3Ｖの直流が出せるようになっています。実験の前に，学校にある手回し発電機の出力電圧を確認しておく必要があります。

　まず，手回し発電機でＬＥＤや電子オルゴール，豆電球をつける実験を行います。電力について学んだ後で，「市販の100Ｗ白熱電球を手回し発電機でつけることができるか？」を問います。生徒からは，「100Ｖと書いてあるから，手回し発電機を直列につないで100Ｖになるようにしないといけない」「これは，交流用の電球だから，直流の手回し発電機では無理だ」などと考えが出ます。

　生徒の意見から手回し発電機を8〜10個つないで実験してみます。この際，右の図のような道具を準備して手回し発電機を直列につなぐといいです。電圧計や電流計をつないで，電力量を計算すると理解が深まります。

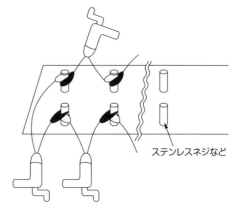

ステンレスネジなど

　なお，手回し発電機をすべて同じ向きに回す必要があるため，発電機に回す方向を矢印で示しておくといいです。

2年　電流とその利用／電流（第1分野）

実験ネタ 50　ブレーカーが必要な理由を理解

> 100Vコンセントにコードをつなぎ，ショートさせると大量の電流が流れ，発熱して発火します。音も発生しますから，かなり驚きます。家庭にブレーカーが必要な理由を理解することにつなげる実験です。

100V用のコンセントコードを捨てることがあれば，取り置きしておくといいです。2本のコードにある被覆カバーを10cmほどはぎます。そして，右の図のように先端から5cmのみ1本だけ導線が出るようにします。生徒には，5m以上離れるように告げ，安全眼鏡をかけさせます。

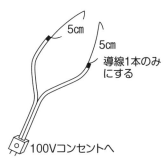

教師は，電気溶接などで使う皮の手袋をつけます。机の上には，耐火ボード（1m×1.5～2m）を敷いておくといいです。先端の導線が接触しないように注意してコンセントにつなぎます。強い火花が出ることを告げた後，カウントダウンしてショートさせます。緑色の光を出して火花が出るのがわかります。導線が銅（Cu）でできているため，炎色反応により緑色の炎が見られます。かなりの光であるため，直視しないように告げておくことも必要です。

場合によっては，先端の導線が熱により溶け，銅の小球ができることがあります。

ショート回路というだけでは，生活との関連づけが弱いので，このような事実を見せることで，ショートすると危険であることを体感し，生活の中で理科で学んだ知識を使うことになると考えています。

2年　電流とその利用／電流（第1分野）

実験ネタ

実生活に役立つショート回路

> ショート回路はしてはいけないと，授業で習います。しかし，それがキャンプや震災のときには役立つ知識となるのです。ショート回路を利用して火をつけるという，学びが実生活に役立つことを実感させる実験です。

　乾電池の＋極と－極を導線だけで直接つなぐと，回路に大きな電流が流れて導線や乾電池が熱くなり，危険です。家庭では，たくさんの電流が流れるとブレーカーが下りて，電気が流れないようにする安全対策がなされています。ですから，なかなかその危険性をイメージすることができません。

　豆電球と導線だけで豆電球をつける実験をする際に，ショート回路をつくってしまい，手が熱くなったりしたことを生徒は覚えているものです。ショートはしてはいけないだけで終わらさないで，既習事項を活用して実生活に役立つことを知ることは，生徒の理科を学ぶ意欲につながると考えます。

▶その1　スチールウールと電池を使って

　006P（9Ｖの四角い電池）の＋極と－極にスチールウールを導線のようにつなぐと，スチールウールが赤くなり燃え始めます。キャンプなどでマッチを忘れたときに，電池とスチールウールで火をつけることができます。

▶その2　ガムの包み紙と単三電池を使って

　ガムの包み紙を中央が細くなるように形を切り，単三電池の＋極と－極につなぐと，細くした部分から火を起こすことができます。幅が狭い部分に流れる電流により発熱・発火するという現象を利用したものです。注意点があります。ガムの包み紙の外側はアルミ箔なので電流が流れますが，内側は紙ですから電流が流れません。詳しくは，「電池　ガム　火」をキーワードとしてインターネット検索すると，動画や説明を見つけることができます。

2年　電流とその利用／電流（第1分野）

教具ネタ
52　実験で重宝するスライダック

> スライダックを使うと，いろいろな実験で重宝します。電圧を変化させることで役立つ実験って何でしょうね。電気エネルギーが熱エネルギーに変化することを実演することもできますね。

　技術室に行くと，昔のスライダックが置かれているのではないでしょうか。最近は，生徒数が減り，技術の免許を持っている先生がいない学校も増えていると思います。廃棄されているスライダックがあれば，理科室でかなり利用できます。

　交流100Vを交流10Vに落としたりすることができるので，送風機や扇風機をスライダックにつなぐと，風量をかなり細かく調整することができるようになります。中学校の理科では出てきませんが，ベルヌーイの定理を学ぶときに送風機を上に向け，そこに紙風船やゴム風船を浮かせるときに役立ちます。強風・中風・弱風といった風量の調整ではなかなか浮かないのですが，スライダックを使えば簡単にできます。浮かんでいる風船に注意して息をふきかけると，もとの位置に戻ってくることも実感できます。

　自由研究などで発泡スチロールの薄い板が必要なときには，スライダックに電熱線を右の図のようにつなぎ，電熱線が赤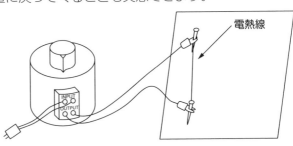
くなる手前くらいの電圧に調整すれば，薄い発泡スチロールの板をつくることもできます。嫌な臭いがしますから，換気をよくして作業をする必要があります。

2年　電流とその利用／電流と磁界（第1分野）

試験ネタ
 答えが1つでない問題

> 電磁石は，電池とコイルと鉄芯があればできます。これを本当に理解できているか確認する答えが1つでない問題です。やんちゃな生徒やふだん活躍しない生徒が活躍できます。

▶問題

サバイバル体験をしに島に行きました。島に次のものを持って行きました。

| ライト，乾電池，ラジカセ，マイク，ビニール袋，鉄クギ |

砂浜で砂鉄をとるように命令が出ました。あなたなら，どうしますか。使えるものは，上に示したものだけです。分解してもOKです。具体的にどのようにして砂鉄を集めるかわかりやすく説明してください。

▶解答

その1　ラジカセを分解してスピーカーから磁石を取り出す。この磁石をビニール袋に入れて，砂鉄をとる。

その2　ラジカセを分解して配線を取り出す。鉄クギに配線を巻きつけてコイルをつくる。そのコイルに乾電池で電流を流すと電磁石となるから，砂鉄がとれる。

　電磁石についてはよく理解していても，身近なものに電磁石をつくるための材料があることを理解していない生徒がいます。そこで，上記の問題を使って考えさせます。授業の中で，普段からラジカセのスピーカーには強力な磁石があることを語っておくことが必要です。ラジカセのスピーカーから取り出された磁石を展示しておくと，分解したことのない生徒も十分理解できるでしょう。この問題は，一般的なテストができる生徒よりも，ものづくりなどが好きな生徒ができる傾向があります。

2年 電流とその利用／電流と磁界（第1分野）

疑問ネタ
54 地球の北極はN極？

> 地球は大きな磁石です。では，地球にもN極とS極があるのでしょうか。磁力について学んでいますから，すでに考える知識はあります。どうすれば地球の北極がN極なのかS極なのかを調べることができるのでしょうか。

方位磁針が北南を指すことは知っています。しかし，方位磁針が磁石であることを，案外生徒たちは知りません。磁石が北南を指すことを知らないのです。そこで，次の発問をします。

| 発問 | 方位磁針は小さな磁石です。地球全体も大きな磁石です。北極はN極でしょうか，S極でしょうか？　そう考える理由も答えてください。 |

生徒からは両方の考えが出ますが，N極を向く方がS極だから北極はS極だと思いますという意見が出始めると，徐々にS極派が増えてきます。

| 発問 | どうやってこの棒磁石で調べればいいでしょうか？ |

個人で考える時間を取り，班で立って話し合ってから，挙手させます。すると，ひもでつるせばよいと案が出ます。実際にやってみると，くるくる回ってうまく

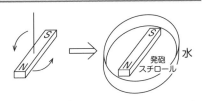

いきません。再度，改善案を考えさせると，発泡スチロールの上に置き，水に浮かべるなどの案が出てきます。実際にやってみると，北南を指します。

自分で考えて実験してみる。でも，これではうまくいかない。何とかやれる方法を考えてやってみて，できた。改善すること，考えることの楽しさを味わうことにつながります。

観察ネタ 55 細胞分裂観察のコツ

細胞分裂の様子を，生徒が作成したプレパラートでしっかりと確認することは難しいという声をよく聞きます。ちょっとしたポイントを押さえると，教科書のようなすばらしい細胞分裂の様子を見ることができます。

教科書ではタマネギの根を使用するものが多いです。最近では，ネギの根も見られ始めています。①試料を大量に準備できる，②いつでも使用できる，③発芽させるのも簡単である，という理由から，ネギを使用することをおすすめします。必要なものは，万能葉ねぎ，酢酸ダーリア溶液またはメチレンブルー，割り箸，シャーレ，3％塩酸，スライドガラス，カバーガラスなどです。

筆者が使用しているネギは「万能葉ねぎ」という名前で売られているものです。20〜25℃辺りの気温のときに実験をするよう，単元の時期も考えて教育課程を作成します。シャーレ内にたっぷりと水をしみこませた脱脂綿や数枚のティッシュを敷き，発根させます。3，4日で観察に適当な長さになります。授業1時間で観察を終えるために，固定，解離，染色を同時に行います。酢酸ダーリア溶液は，30％酢酸100mlに0.5gのダーリアバイオレットを溶かしてつくります。酢酸ダーリア7と3％塩酸3の割合で作成した液を入れた時計皿を用意し，5〜15mmほど発根したものを15分間浸します。その後，2分以上水に浸します。根の端から1mmほどカミソリで切ったものをスライドガラスに置き，上からカバーガラスをかけます。そして，先端を平らに少し削った割り箸を使って円を描くように直径3〜5mmに広げます。小刻みに弱い力を加え続けて円形に薄く広げます。この「押しつぶし」をしっかりすることが重要なコツです（参考HPは「ミカク先生　ネギ細胞分裂」で検索）。

3年 生命の連続性／生物の成長と殖え方（第2分野）

説明ネタ
56 体細胞分裂の様子を爪楊枝で説明

> 体細胞分裂については，教科書の図を並べることはできても，説明するとなるとできない生徒が多くいます。そこで，爪楊枝を染色体のモデルとして使い，手を動かしながらの説明を班内で行わせます。

授業で体細胞分裂について学んだ後に，実施します。

▶使用するもの

爪楊枝（4本），マジック，ISB（学びのツールとして109ページに紹介），ホワイトボード用マジック

※爪楊枝は，上部を折り，右の図のように準備します。マジックで色をつけて，違いがわかるようにします。

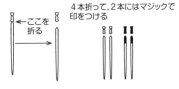

▶手順

ISBを机上に置き，ホワイトボード用マジックで細胞の形を丸くかきます。

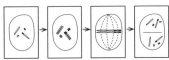

そして，染色体が複製されて2倍になることを右のように爪楊枝を動かして確認します。紡錘糸をマーカーでかき，紡錘糸で両方に分離される部分は，説明をしながら爪楊枝を動かします。しきりもマーカーでかきます。

〈参考資料〉
○つまようじで学ぶ細胞分裂
　https://www.youtube.com/watch?v=BjLcZ6Wg5Xw

3年 生命の連続性／生物の成長と殖え方（第2分野）

観察ネタ
57 花粉管の観察はこれで成功

> 花粉管の観察のためには，花粉管がすぐに伸びるホウセンカやインパチェンスを用意する必要がありますが，時期によっては無理です。そこで，家庭で花粉をつけてくることを宿題にして行ってはいかがでしょうか。

　花粉管がすぐに伸びるインパチェンスの花粉に合わせて観察をするのは，なかなか大変です。すぐに花粉管が出ない花であれば，時間をかけて観察をすればいいと考えました。筆者は，この観察の第一の目的を花粉管が伸びることにしています。観察の前日，寒天溶液を詰めたフィルムケースを一人ひとりに渡しておき，朝に花粉をつけさせます。フィルムケースは，写真のようにフタの裏のくぼみに寒天溶液を詰めます。フタに詰めた寒天は容器と合わせるため，寒天が乾燥することに注意する必要がありません。

寒天溶液：5〜10gの砂糖に精製水を加えて100cm³にし，寒天1〜2gを加えて透明になるまで加熱します。

　1人で3個，時間をずらして花粉をつけると，花粉管が伸びる様子を見ることができます。生徒からは，校内に植えてあった「タマスダレ」の花粉管が観察に適していると報告を聞きました。生徒の観察結果を共有することにより，花の種類により花粉管が伸びる時間が違うことも理解できます。

フィルムケースに詰めた寒天

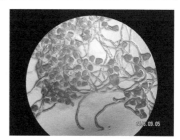
タマスダレの花粉管

3年 生命の連続性／生物の成長と殖え方（第2分野）

観察ネタ
58 カワニナの精子観察

　多くの動物において，雄は有性生殖を行うための精子をつくります。精子の形は動物の種類によって様々です。カワニナやタニシなどの巻き貝の精子は比較的大きいので，容易に観察することができます。

　実際に見るとイメージとは全然違います。ヒトの精子のプレパラートは，市販品がありますから，購入して観察させるといいと思います。
　カワニナの精子は，ヒトの精子とは違った形のものも観察することができます。とにかく動いている様子を見ると，生命の神秘を感じ，感動します。

▶手順
①カワニナをタオルなどで包んで，カナヅチでからを割り，からを体から取り除く。
②中腸腺上に黄色い精巣があるものを選び出す。
※カワニナは，外から見ただけでは雄雌の区別はつきません。ただし，4～5月ごろには雌には保養嚢があり，中に幼貝が入っているので，見分けがつきます。

③精巣の部分をハサミで切り取り，それを3％食塩水を入れた時計皿に移します。筆者は0.3％食塩水でもうまくできました。
④先のとがったピンセットで精巣を破き，食塩水中に取り出します。このとき，食塩水が少し白く濁ります。
⑤スポイトで精子を含む食塩水を1滴取り，スライドガラスの上にのせます。カバーガラスをかけて顕微鏡（×400）で観察します。

〈参考資料〉
○動画（筆者撮影）
　http://www2.dokidoki.ne.jp/jr5bun/kawanina-seishi.MOV
○佐藤七郎，近畿生物学教育研究会『細胞の学習』（新生出版）

3年　生命の連続性／遺伝の規則性と遺伝子（第2分野）

説明ネタ
59　遺伝子とDNAの違い

> 遺伝子は核の中の染色体にあります。DNAは，遺伝子の本体などと言われます。ここで，遺伝子とDNAの用語の区別がしっかりしていないと，生徒の理解が深まりません。ここは，しっかりと押さえたいものです。

　遺伝子の本体はDNA（デオキシリボ核酸）という物質です。そして，それは染色体の中に含まれています。こんなふうに教科書などでは説明が書かれていますが，何となくで理解していることが多いように思います。

　まず，染色体というのは，染色液でよく染まるので「染色体」と呼ばれます。では，「DNA」と「染色体」の関係は何でしょう。DNAは，デオキシリボースという物質を含む，核の中の，酸性を示す物質という意味で，デオキシリボ核酸と名付けられています。DNAは細長いのでもつれないようにタンパク質に巻きついており，それらが集まって染色体ができています。次に，「DNA」と「遺伝子」の関係は何でしょう。DNAの1本をよく見てみると，ところどころに「背を伸ばす」とか「髪の毛が黒い」とかいった設計図（遺伝情報）が書き込まれている部分があります。つまり，遺伝子はDNAのところどころにある情報なのです。

　整理すると，DNAは物質なので，見ることができます。でも，遺伝子は情報なので，見ることができないわけです。

　右の写真は，この説明のために作成したものです。毛糸のところどころに「背を伸ばす」「髪の毛が黒い」などと書いた紙を巻きつけています。

〈参考資料〉
○「NHK高校講座　生物基礎　第8回　DNA・遺伝子・ゲノム」

3年 生命の連続性／遺伝の規則性と遺伝子（第2分野）

実験ネタ
60 簡単にDNAを取り出す方法

> DNAは物質ですから，目で見ることができます。バナナのDNAを見てみましょう。生徒実験にすると時間がかかりますから，演示実験にするのもいいでしょう。100％果汁ジュースを使えば，生徒実験も可能です。

　タマネギなどのDNAを取り出す方法が教科書でよく紹介されていますが，もっと簡単にする方法です。おすすめなのが，バナナのDNAを取り出す実験です。鉛筆やシャープペンシルの芯を使うとDNAがうまくつかめます。

▶準備するもの

　バナナ（1／3），スプーン，水（150cc），チャックつきビニール袋，食塩（小さじ3），割り箸，食器用洗剤（小さじ1），コップ，冷やしたエタノール，コーヒーのペーパーフィルター

▶手順

①水に，食塩を溶かします。
②バナナをチャックつきビニール袋に入れて，よくつぶします。
③②に①でつくった食塩水をバナナが浸るくらいまで入れて，なじませます。
④（ここから手早く行う）ペーパーフィルターで③をこします。
⑤④でこした液に食器用洗剤を入れ，やさしく数回混ぜます。
⑥⑤の液に，⑤の液の3～4倍のエタノールをゆっくりと入れます。
⑦5分ほどそのままにしておくと，DNAが浮かんできます。

　別の方法として100％果汁ジュースに冷やしたエタノールを同体積ほど入れると，ジュースとエタノールの境目に白いもやもやしたDNAが見られます。

〈参考資料〉
○農林水産省『「遺伝子組換え農産物」入門プログラム』

3年 化学変化とイオン／水溶液とイオン（第1分野）

実験ネタ

電池をつくる条件を人間電池で確認

> 2種類の金属と電解質の水溶液を使うと，電池ができます。しかし，なかなか身近には感じることができません。そこで，家庭にあるものを使って電池をつくり，電池をつくるための条件についての理解を深めたいものです。

　この実験は，電池についての学習をした後に実施するといいでしょう。本当に理解するためには，変化のある繰り返しが効果的です。

▶準備するもの

　ステンレス製スプーン，アルミのなべ（皿），電子オルゴール，食塩，水，クリップつき導線

▶手順

①水500mlに対して食塩をおよそ100gほど加えて，濃い食塩水をつくります（濃度は，濃いめであればいいです）。

②食塩水に両手を浸し，よくぬらします。

※一人でも電池はつくれますが，約0.5Vしかありません。検流計や電流計を使って確認することができます。

③右手にステンレス製スプーン，左手にアルミのなべ（皿）を持ちます。

④右の図のようにクリップつき導線をつなぎます。

※このとき，ステンレスが＋極，アルミが－極になっています。電子オルゴールのつなぎ方に注意が必要です。

⑤人の体が電解質の水溶液の役目を果たしていることを確認します。

＜参考資料＞
○後藤道夫監修『教えて！ボルタ先生』（科学技術広報財団）

3年　化学変化とイオン／水溶液とイオン（第1分野）

説明ネタ
62 身近なところで考えるイオン化傾向

> イオン化傾向という言葉は覚えたけど，その意味が理解できていないと知的な学びとは言えません。そこで，イオン化傾向を示した後で，鉄と銅の金属にしぼって考えるよう展開し，説明して理解を深めます。

　塩化銅（$CuCl_2$）水溶液は青色ですが，塩化ナトリウム（NaCl）水溶液は無色透明です。
T　青色の色としているのは，何イオンだと考えられますか？
S　両方に共通しているのは，塩化物イオンです。このことからも，青くしているイオンは，銅イオンだと考えられます。ですから，溶かす塩化銅の量を増やすと，青色が濃くなります。
　ここで，水溶液中で金属の原子が陽イオンになろうとする性質を「イオン化傾向」ということを説明します。Ｎａ＞Ｍｇ＞Ｚｎ＞Ｆｅ＞Ｃｕ＞Ａｇのように，左のものの方が，陽イオンになりやすいわけです。

T　塩化銅水溶液に鉄くぎを入れると，銅イオンと鉄はどうなるでしょう？　ここに化学変化とイオンの単元で，塩化銅水溶液の電気分解を行ったときに余った水溶液があります。
S　鉄と銅を比べると，鉄の方が陽イオンになりやすいため，塩化銅水溶液中に鉄くぎ（鉄）を入れておくと，イオン化傾向の違いによりイオン交換が行われ，銅イオンが銅に鉄が鉄イオンになります。

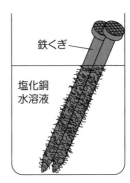

　この様子を，短時間で見せたい場合は，スチールウールを使うといいです。銅イオンがすべて鉄イオンに置き換わったら，無色に近くなっています。

3年 化学反応とイオン／酸・アルカリとイオン（第1分野）

実験ネタ
63 中和反応はでっかく

> BTB溶液による色の反応が，なかなか覚えられない生徒が多く見られます。そこで，ビッグスケール（でっかい系）で中和反応を見せて，記憶に残そうと考えました。使うのは，500mlの大きなメスシリンダーです。

　BTB溶液の色の変化実験は，各個人で実験するのに試験管を使うこともできます。また，製氷皿を100円ショップで購入し，実験をすることもできます。この製氷機は，ハサミで切ることができ，少量しか使わないので，何回でも繰り返し実験ができる利点もあります。

　しかし，でっかい系で行うことも有効です。クエン酸水溶液（約9gを水300mlに溶解）と炭酸水素ナトリウム水溶液（約9gを水300mlに溶解）をそれぞれビーカーに準備します。どちらも，食品にも使われているものであり，100円ショップでも購入可能です。そして，少し濃く色がつくくらいBTB溶液を加えます。次に，500mlのメスシリンダーに青色にした炭酸水素ナトリウム水溶液を全量加えます。そのうえに，黄色にしたクエン酸水溶液をガラス棒を使って，静かに加えます。二酸化炭素が発生する化学反応が起こります（混ぜ方がポイントです）。そして，メスシリンダーの中央付近は中性の緑色になります。

　ビールのような泡がわき出るので，非常にインパクトのある実験です。また，先にクエン酸水溶液を加え，ガラス棒を使わないで炭酸水素ナトリウム水溶液を勢いよく加えると，さらに強い泡がわき出て，より強いインパクトを与えることができます。何に注目させるかで使い分けることが大切です。

3年 化学変化とイオン／酸・アルカリとイオン（第1分野）

説明ネタ

多角的な視点から語る生活の中の中和

> 中和についての学習をしても，それが生活とリンクしないと学びの意味が理解できません。生活の中での中和について，多角的な視点から語ってみませんか。3回に分けて語ると効果があると思います。

　中和とは，水素イオンと水酸化物イオンから水が生じることによって，酸とアルカリのお互いの性質を打ち消し合う反応です。しかし，このような教科書によくある中和の説明だけでは，ピンと来ません。自分の生活にどんなつながりがあるのかを解説することが大切です。

▶その1　青色スティック糊の色が乾くと透明になるのはなぜ

　塗ったところに青色の糊がつくので，塗り残しなく塗ることができ，乾くと透明になるこの糊の中には，アルカリ性のときには青い色となる指示薬が混ぜられています。もう，頭がいい人はわかったと思いますが，アルカリ性でなくなると色が透明になるんです。空気中の二酸化炭素や用紙の酸性成分により中和されて，試薬が無色になるわけです。試しに，青色スティック糊を二酸化炭素が溶け込んだ炭酸水に入れると，すぐに透明になります。

▶その2　口の中の中和反応

　口の中が酸性になると，虫歯になります。そこで口の中の酸性を中和するために役立っているのが"つば"です。寝ているときには，つばの出る量が少なくなってしまうので，寝る前にしっかりと歯磨きをしておかないといけないのです。

▶その3　アリにかまれたときにつける薬はアルカリ性

　アリにかまれると，アリから酸性の物質が出されてかゆくなります。そこで，アルカリ性の虫刺され薬を塗ると，アリから出された酸性の物質を中和してかゆみを抑えることができます。

3年 化学反応とイオン／酸・アルカリとイオン（第1分野）

実験ネタ
65 中和反応熱は濃塩酸と水酸化ナトリウムで

> 生徒によっては，中和反応のときに発熱反応が起こっていることに気づいています。しかし，温度の変化がわずかであるため，半信半疑です。そこで，教師実験として明らかに温度が高くなる実験を演示して，納得させます。

　一般的には塩酸と水酸化ナトリウム水溶液を混ぜても，水溶液の濃度が低いため，温度変化がよくわかりにくいです。そこで次の発問を生徒にします。

> **発問**　どうすれば，温度変化の様子がわかるようになると考えられますか？

　生徒からは「濃度を高くすればいい」という考えが出るでしょう。生徒に思考させてから実験をすると，演示であっても見る意欲が違ってきます。

▶準備するもの
　試験管，温度計，薬包紙，水酸化ナトリウム（3～4粒），36%塩酸（約5cm³）

▶手順
①試験管に塩酸を約5cm³入れます。塩酸を入れた試験管に温度計を入れて，現在の温度を測定します。
②薬包紙に水酸化ナトリウムを3～4粒取り，試験管に入れます。液体が試験管の半分辺りまで吹き上がり，激しい反応が起こります。
③温度計で温度の上昇を確認します（80℃近く）。
④試験管をさわり，温度を体感します。
⑤沈殿した物質の正体を考えます（塩化ナトリウム）。

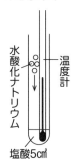

〈参考資料〉
○坂井悦子『中学校理科指導―ちょっとした工夫で授業は変わる』（明治図書，p.52）

3年　運動とエネルギー／運動の規則性（第1分野）

試験ネタ
66 ハサミと糊を持ち込みOKのテスト

中学校における定期テストであれば，運動の単元で使用する記録タイマーのテープ処理を実物を使って行うことは可能だと考えます。ハサミと糊を持ち込み，テスト中に実技テストを行ってみませんか。

テスト問題　配付したテープは，まっすぐに動く台車の運動の様子を，記録タイマーに記録したものです。なお，記録タイマーは，1秒間に60回点を打つものを使用しました。時間と移動距離の関係を解答用紙に作成しなさい。

運動を記録する方法として，記録タイマーを実験で使用します。授業では，一人ひとりに記録タイマーを使用させ，記録テープの処理を行わせておきます。その実験処理をテス

記録タイマーのテープ画像

トで評価するわけです。テストのときには，実物大のテープを配付します。

何回も実験でやったことを，テストとして行うわけです。授業中の指導が徹底できていないと，顕著にテスト結果として表れます。指導においても，横軸や縦軸，単位，数値などにも注意して指導することになり，指導の徹底につながります。

このようなテストを実施すると，生徒もふだんの授業を重視するようになります。ふだんやっていることをきちんとしておけば，テストの結果として表れるため，授業中の集中力もアップします。

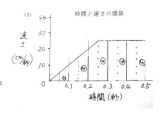

テストの解答用紙（一部）

3年 運動とエネルギー／運動の規則性（第1分野）

実験ネタ

67 自由落下運動は簡単なこの実験で

> 羽毛と1円玉を同じ高さから落とすと，空気抵抗が大きい羽毛はゆっくりと落ちます。ですから，空気を抜いて実験すると，どちらも同時に落下します。では，質量を変えると重い方が早く落下するのでしょうか。

　羽毛と1円玉を同じ高さから落とす実験は，教材会社から実験器具が出ているので，それを使用するといいでしょう。ない場合は，実験をした動画がNHKやインターネットで配信されているので，それを使用することもできます。

　では，空気抵抗の影響がどちらも同程度で，質量を変えた実験をするためにはどうすればいいのでしょうか。理科室で行うなら，1円玉と500円玉を使うことをおすすめします。大きさはかなり異なりますが，500円玉の質量は1円玉のおよそ7倍です（旧500円玉と新500円玉で質量が違いますから，厳密にやりたい方は確認が必要です）。

　「この実験をしてこうなった」と，漫然ととらえるだけでは意味がありません。条件制御を行い，ここでの1円玉と500円玉の違いは，質量であることを押さえたうえで，自由落下するときには質量は関係していないことを確かめる必要があります。

▶実験

　同じ高さから同時に落とします。このとき，動画を撮影しておきます。コマ送り再生やスローモーション撮影などの機能により，両者が同時に落下することが理解できます。音が同時という点もポイントですから，静かに実験することも大切です。

3年 運動とエネルギー／運動の規則性（第1分野）

教具ネタ
68 運動の記録にデジカメ使用

> 運動の記録は，記録タイマーを使って行うのが一般的です。教科書には，ストロボスコープを使って撮影された写真などがよく提示されています。最近のデジカメについている機能で運動の記録について理解を深めることも可能です。

　筆者は，CASIOのEXILIM EX-FS10というデジタルカメラを愛用しています。購入のポイントは，レンズ部分が飛び出さず，外部出力することができることです。顕微鏡で見えている様子を撮影する際にも，接眼レンズにレンズ部分を近づけて撮影することができるからです。すでに購入して数年経ちます。ベストショットにマルチモーションという機能（移動する被写体を連写してカメラ単体で自動的にデジタル合成処理をして1枚の写真にする）がありました。また，動画でスーパースローモーション撮影もできます。これも，運動の記録として使えます。

　授業で，「運動の様子を記録するには，どんな方法が考えられるか？」と聞いてみました。生徒から，写真を撮影してそれを合成したらいいという考えが出ました。デジタルカメラで撮影したものを，パソコンを使って合成するなどすれば，できるでしょう。しかし，授業中にそれをしていたら時間がかかってしまいます。そこで，このマルチモーション機能を試してみました。このような機能があるデジカメは，他にもあると思います。

　撮影できたマルチモーションでは，初期のスピードと後半のスピードの違いが鮮明であり，「この画像からわかることは？」「なぜ，そう言える？」と説明させることで，理科が苦手な生徒も実感を伴って理解していました。生徒から出たアイデアを教師が具現化していくことも，非常に意味があると感じます。

3年　運動とエネルギー／運動の規則性（第1分野）

実験ネタ

水ロケットで作用・反作用を体験

　作用・反作用の法則を，水ロケットで体験してみましょう。この単元を終えた後，振り返りとして授業の初めに運動場に出て行うと，時間短縮にもなり効果的です。

　作用・反作用の法則は，ローラースケートやスケートボードを使って実験することができます。また，バネのついた力学台車を2つ用意しても簡単に実験することができます（右上の図）。水泳のターンのときに壁を蹴ると，力を入れて蹴った方が大きく前に進みます。これも作用・反作用によるものです。

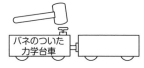

　もう少し，ダイナミックで夢のある実験により，ロマンも感じさせる実験が，水ロケットです。授業のはじめに運動場ですると，時間短縮になります。

　準備するものは，スタンド，炭酸飲料のペットボトル（1～1.5l），自転車空気入れ，ゴム栓（ペットボトルの口穴の大きさ），ボール用空気針です。

　水を少し入れ，自転車空気入れで空気を入れると水が吹き出し，反作用でペットボトルが飛びます。水ぬれに注意が必要です。デジカメやスマートフォンで動画撮影（微速度撮影）しておくと，振り返りに使えます。

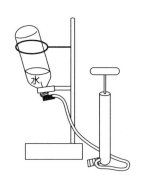

3年 地球と宇宙／天体の動きと地球の自転・公転（第2分野）

観察ネタ
透明半球による太陽観察

> 透明半球を使った太陽観測は，単元の授業時に1回行って終わりにしてしまいがちです。継続的な観測となるよう，年度当初から計画的に行うことが大切だと思います。そのためにも，一人で観測できる工夫をしましょう。

　観測は，できれば春分，夏至，秋分，冬至の4回できるといいですが，無理なら夏至，秋分，冬至の3回は観測したいですね。年によってずれますが，春分が3月21日ごろです。そこから3か月後が夏至，また3か月後が秋分，また3か月後が冬至を目安に観測日を決めるといいです。

　継続的な観測とするためには，一人で観測できるよう，少し小さめの透明半球を用意して簡易的に観測できるようにするといいと思います。使う透明半球は，直径が10cmほどのものが安価で販売されています。手に入らなければ少し小さくなりますが，ガチャカプセルなども使用することができます。

　右の写真のように一人ずつ台紙を渡して名前，観測日，気づいたことなどを記入させます。観測をしている中で，生徒自身がたくさんのことを気づくはずです。それを記入させておくと，授業で活用できます。

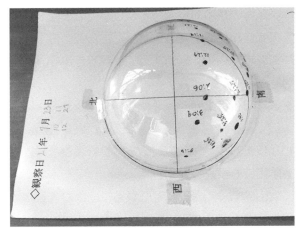

　おおざっぱな計算になりますが，1時間あたりに太陽が動く透明半球上の距離を計算して日中の時間を求めると，理解が深まります。

3年　地球と宇宙／天体の動きと地球の自転・公転（第2分野）

教具ネタ

ひまわり8号リアルタイム Web

2015年7月7日から本格的な観測が始まった気象衛星「ひまわり8号」は，以前のひまわり7号から格段に性能をアップさせ，10分ごとにカラーの観測画像のデータを得ることができます。ぜひ，気象や宇宙の単元などで活用しましょう。

気象衛星「ひまわり8号」は，リアルタイムで地上に送られる鮮明な画像が，情報通信研究機構（NICT）によりウェブ上で公開されており，いつでも見ることができます。パソコン，スマートフォンなどで閲覧が可能です（ひまわり8号リアルタイム Web　http://himawari8.nict.go.jp/）。

画像が4倍鮮明となり，観測の時間が30分から10分（日本付近は2分半）になり，白黒からカラー画像となりました。海岸線を示して日本の位置を確認したり，現在位置を示したりすることも可能です。

▶2年　気象単元

天気図の寒冷前線とひまわり8号の画像を比較すると，寒冷前線の移動を雲の動きから観測することができます。台風が発生したときには，台風の目や渦を巻く様子を観測することができます。この画像から，翌日の天気を予想するのもいいでしょう。

▶3年　宇宙単元

コマ送り再生により，昼の部分が東から西に向かって変化していくことがわかります。地球の自転の方向を考える材料として使えます。

▶防災にも役立つ

火山の噴煙の様子なども見ることができるため，防災にも活用することができます。

〈参考資料〉
○「気象衛星『ひまわり8号』活用術」『子供の科学　2015年11月号』（誠文堂新光社，p.22）

3年 地球と宇宙／天体の動きと地球の自転・公転（第2分野）

観察ネタ

継続した星座観測でなっとく！　その1

> プラネタリウムや映像資料を使って星の動きを理解させることも意味があります。しかしながら，実際に星座観測をした結果から法則を見つける体験をすると納得感が全然違います。家庭での宿題にしてみませんか。

　都会などの星の観測に適さない地域もあると思います。星の観測が無理な場合は，月の観測をさせるなど工夫するといいと思います。
　記録のポイントは，次の通りです。
①必ず同じ位置で観測します。窓を開けて見たのでもいいです。
②記録に地上の目印となる山や建物や電信柱なども書いておきます。
　げんこつ1個が約10°，指1本が約2°です。うでを伸ばしてげんこつ何個上に星があったのかを書いておくと，高度を記録したことになります。

▶その1　星の1日の動きを観測

　生徒がすぐに見つけることができる星座（夏：さそり座，冬：オリオン座）の2時間後の動きを同じ場所で記録させます。北の空なら北極星とカシオペア座などが適切でしょう。まずは，南の空の観測から始めてはどうでしょうか。南の空なら，2時間後には，360°÷24×2＝30°東から西方向に動いているはずです。

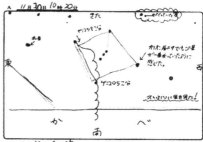
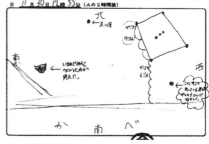

3年 地球と宇宙／天体の動きと地球の自転・公転（第2分野）

観察ネタ

継続した星座観測でなっとく！　その2

> 継続した星空観測で星の1年の動きも理解しましょう。1か月後の星はどの位置に動いているでしょうか。星空観測を通して，心情面も豊かにすることができるといいですね。

▶その2　星の1年の動きを観測

1年間継続観測ができれば一番いいのですが，無理もありますから，「星の1日の動きを観測」で観測させた星座（夏：さそり座，冬：オリオン座）の1か月後の動きを記録させます。

ただし，星の1日の動きで調べた【A】の観測と同じ時間に行います。これで，南の空を見たとき，星は1か月で360°÷12＝30°東から西方向に動きますから，【A】の2時間後である【B】と同じ位置に星座があることになります。記録を見れば，生徒の観察力のレベルがすぐに理解できます。

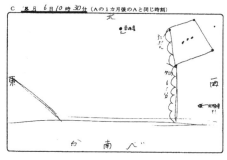

継続した星座観測をすることで，納得感がアップします。体験を通して法則を知るから，記憶に残っていきます。教科書を読んで覚えるのとは違います。星は夜しか見えないからと，観察をしないで覚える授業にはしたくないですね。教科書の内容を学ばせることも大切ですが，上の生徒のように星にロマンをもったり，感動したりする心を育てることも理科教師の使命だと思います。

3年　地球と宇宙／天体の動きと地球の自転・公転（第2分野）

観察ネタ
 星空観測会

> 最近は科学博物館において星空観測会を企画しています。しかし，学校主催の星空観測会は少ないように感じます。星空観測会の後は小学1年生の児童が自宅に帰るなり，母親に双子座のことや星が動くことを語ります。本物の力はすごい。

　学校主催の星空観測会の実施には，理科教師のエネルギーが必要となります。理科教師として，夜の観測だからできないではなく，本物を見せるために何とかしたいという思いをもちたいものです。綿密な計画により，安心で安全な観測会を実施したいです。夏休みを利用して，希望者を対象とした星空観測会を開催するといいです。せっかくの機会ですから中学校区内の小学校にも声をかけて小・中学校合同で連携した観測会にするといいです。筆者は，小学生は保護者同伴，中学生は行きと帰りは保護者が送り迎えをすることを条件としています。夏休み中であれば，ペルセウス座流星群，土星，火星，木星，天の川，夏の大三角形，はくちょう座のアルビレオ，北斗七星のミザールなどを観測することができます。国立天文台天文情報センター作成の8月の星空図などを配付して話をすると，帰宅後の観測も期待できます。観測会の最初に，使い方などを説明しておくといいです。

　数年続けると，地域の方からぜひやってほしいと頼まれるようになり，ここ最近は地域の方主催の会になりました。参加者も100名を越える規模となり，嬉しい悲鳴を上げています。なお，望遠鏡が準備できない場合は，天体望遠鏡を日本全国どこでも無償で持参していただき，星空を見る会を開いてくれる企業もあります。スターライトキャラバンを私も活用させていただきました（https://www.stargaze.co.jp/kanboukai/caravan.html）。得意でない方こそ，このような人材を活用して，子どもたちに自分の肉眼で土星の輪を見た感動を味わう機会をつくってはいかがでしょうか。

3年　地球と宇宙／天体の動きと地球の自転・公転（第2分野）

教具ネタ
75 星座早見盤

> 小学校で星座早見盤を使ったことがある生徒が多いですが，使い方となると理解できていない生徒が多く見られます。そこで，いつでも使うことができるようにペーパークラフトの星座早見盤を作成し，観測を進めましょう。

　教科書によっては，付録としてペーパークラフトの星座早見盤がついているものも見受けられます。生徒に尋ねると，小学校で使ったことがあるという声を聞きます。しかし，実際には使い方がよくわかっていない場合が多いようです。

　そこで，家でも繰り返し使用する機会を増やすために，個人持ちの星座早見盤を持たせることが必要だと考えました。お金がかからないようにするために，私はキャノンのペーパークラフトを使用しています。これで，みんな同じ星座早見盤を使用するので，お互いに教え合うこともできます。

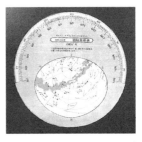

　まずは，星座早見盤をつくることを宿題とし，星座早見盤の東と西がなぜ逆になっているのかを理解させます。初めて手にしても，生徒たちはさほど不思議には感じないようです。1年間の継続した観測を推進するためにも，4～5月ごろに使用するようにしておくといいと思います。筆者は，この作成した星座早見盤を持ち込んだテスト問題を作成しています。ペーパークラフトは，他のサイトでも紹介されています。つくりやすく，使いやすいものを選ぶといいと思います。

〈参考資料〉
○キャノン　ペーパークラフト　科学　「星座早見盤」
　http://cp.c-ij.com/jp/contents/CNT-0011891/index.html

3年 地球と宇宙／天体の動きと地球の自転・公転（第2分野）

教具ネタ
76 星の動きはレーザーポインターで

> 教科書やコンピュータソフトを見ただけでは星の動きをイメージできない生徒もいます。そこで，教室の天井や壁をプラネタリウムに見立て，レーザーポインターを使って星の動きを確認すると，生徒の理解につながります。

　多くの星座の中から，動きを考えたい星座を絞り，生徒に示します。南に見える星座としてオリオン座，北に見える星座としてカシオペア座のみの動きをレーザーポインターを使って確認します。カシオペア座は，レーザーポインターを5つ組み合わせてWの形となるようにします。オリオン座は，簡易的に中央にある三つ星のみを示します。

　下の図のように，同じ種類のレーザーポインターを鉛筆やペンを使って輪ゴムでとめると，形を一定にすることができます。

　まず，南を見るように指示します。オリオン座であれば，太陽と同じように東から右上に昇り，南付近では横に移動し，右下に向かって沈み，西に沈みます（東から西に時計回りに動かします）。東から少し北から昇る星座も同様に示します。そして，北を見るように指示し，カシオペア座は，北極星を中心として，反時計回りに動かします。すると，すべての星が東から西の方向に動いていることが理解できます。いろいろな方法でシミュレーションすることは，全員を見捨てない学びとするためにも大切だと考えます。

3年 地球と宇宙／太陽系と恒星（第2分野）

教具ネタ

77 小・中連携で活用する日食グラス

> 皆既日食は，なかなか日本では見られません。しかし，部分日食であれば，2019年1月6日に日本全国で観測することができます。市販の日食グラスは高価ですから，自作して全員に配付してはいかがでしょうか。

　筆者は，2009年7月22日の皆既日食（残念ながら，愛媛県では部分日食90％近く）前に，中学校区内の小学校児童4年～中学生全員に日食グラスを配付しました。事前に，小学校と連携し，日食グラスの作成方法や安全な観察方法について説明をしました。

　これにより，校区内のすべての小学校で部分日食の観測体験が可能となりました。中学校に入学後の学習で，天体の指導に統一感をもたせることができるようにと考えたわけです。

　作成は，アストロソーラーフィルターをラミネート加工して強度をアップさせ，1人分が10cm×1.5cmのフィルターと画用紙で作成しました。

　詳細は，下記の天文ハウスTOMITAのホームページをご覧ください。

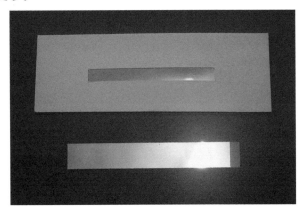

〈参考資料〉
○天文ハウス TOMITA　日食メガネを作ろう
　http://www.y-tomita.co.jp/parts/solar-glass.htm

3年　地球と宇宙／太陽系と恒星（第2分野）

説明ネタ
78 行かないとわからない日食観測

皆既日食は，皆既月食と違います。見える場所に行かなければ体験できません。何とか都合をつけて，チャンスがあれば海外でも行ってみましょう。行ったことで説明に深みが増します。

　2009年7月22日，筆者は，中国の安吉へ皆既日食を観測するために行きました。朝から曇っており，絶望的かとも思われましたが，部分食の撮影やピンホールによる観測もできました。そして，ダイヤモンドリングは十分に観測できませんでしたが，皆既日食中のフレアと思われるものも肉眼で見ることができました。リング状にうすい雲を通して光輝く輪が見えました。

　皆既日食中は，本当に暗闇の世界になりました。また，気温も下がり，強風が吹きました。これは，体験しないと生徒に語ることはできません。

　曇っていても，雨が降っていても，その場に行かないと皆既日食は味わえないのです。テレビで見てわかった気になっていても，あの暗さや風の強さは感じられません。テレビに映った太陽は，あくまでもビデオカメラを通して見たものです。肉眼で見た色や明るさとは違うのです。

3年　地球と宇宙／太陽系と恒星（第2分野）

教具ネタ
79 天体おすすめソフト

> 宇宙の単元は，3次元の立体的なイメージを必要とします。模型などで示すこともできますが，パソコンのシミュレーションソフトを使うことで，生徒の理解を深めることができます。以下に，私のおすすめソフトを紹介します。

　「Mitaka」（ミタカ）は，国立天文台が開発した3D天体シミュレーションソフトです。最新の太陽系・恒星・銀河データを基にして作成されています。地球から宇宙の大規模構造までを自由に移動して，天文学の様々な観測データや理論的モデルを見ることができます。宇宙空間モードとプラネタリウムモードがあり，宇宙空間モードでは，地球を飛び出して地球を離れた位置から見ることができます。宇宙から地球を見ることにより，地球上の昼と夜の部分が理解できます。時間の設定もできますから，昼間は太陽に照らされており，夜になると太陽に照らされていないことが外の宇宙空間から理解することができます。プラネタリウムモードで，天体に着陸しているときには，その天体から見た空が表示されます。地球を回転させてみることもでき，立体的な空間認識の向上も期待できます。太陽からの惑星の距離感も理解することができます。

　プラネタリウムソフトとしては，フリーソフトである「Stella Theater Lite」がおすすめです。時間とともに各方向での星空の動きがわかります。また，このソフトでの映像を理科室の天井などに映し出すことで，プラネタリウムを疑似体験させることもできます。

3年 地球と宇宙／太陽系と恒星（第2分野）

実験ネタ

金星のモデル実験

　教科書によく掲載される太陽と金星と地球の図から金星の見え方を理解するには，空間認識能力が高くないと難しいです。そこで，教室全体を宇宙空間と見立て，ビーチパラソルを利用したモデル実験を紹介します。

　紹介するモデル実験は，小森栄治氏に蓮田南中学校で見せていただいたものです。金星を望遠鏡で観測できると，観測結果とリンクして理解がより深まります。

　ビーチパラソルを購入し，骨組みのみにします。古いイスなどの足を利用してパラソルを立てます。そして，少し太めの竹ひごなどで長くし，その先端に釣り糸などを使ってスポンジボールをつけます。ホットボンドを使うと簡単に接着することができます。中央には太陽として白熱電球をつけます。なお，傘の端につるされたスポンジボールが金星モデルですから，地球はスポンジボールよりも外側に位置する必要があります。これにより，簡単に地球から遠い位置や近い位置の金星の形を理解することができます。

　また，ラップなどの芯の先に，透明シートに"○"を印刷したものをつけて金星を見ると，この"○"金星の大きさを基準として比較することが可能となります。

ラップの芯
OHPシートなどに○を印刷したもの

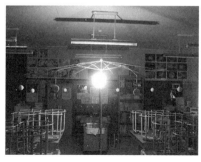

第2章　中学校理科授業のネタ100　103

3年　自然と人間／生物と環境（第2分野）

実験ネタ 81　煮干しを使った食物連鎖の実験

> 3年の生物と環境についての単元では、食物連鎖について学びます。最近では、教科書にも食物連鎖の実験が見られなくなってきましたが、「食べる・食べられる」という関係を実験で体感する意義は大きいと考えます。

　食物連鎖を実感させるために、フクロウのペリットなどが教材会社から販売されています。しかし、購入するには高価です。そこでおすすめするのが、煮干しを使った実験です。安価で手軽に入手できますし、冷凍しておけば、かなり長く保存できます。「動物が何を食べているか知るにはどうしたらいい？」と質問します。すると、餌と思われるものを食べるか試す、胃や腸の中を見る、糞を調べる、生活の様子を観察する、口や歯を調べる、食べた跡を調べるなどが出るでしょう。そこで、「今日は、この中でやれる胃の中を調べる方法で観察します」と答え、何の胃を調べるか少しじらしてから、煮干しの袋を見せます。実験の前に、カタクチイワシが食べているものが何か予想させます。

▶手順

① 大きめの煮干し（カタクチイワシ）を準備します。できれば一人1匹準備し、煮干しを約10分間ぬるま湯につけます。

② えらの下の消化管をピンセットでほぐすようにすると、Y字形に折れ曲がった胃が見つかります。

③ 胃の中のものを時計皿に取り、水を加えて沈殿したものを顕微鏡で観察します。

　胃の中からは、エビの幼生、オキアミ、珪藻などが見つかります。このことから、カタクチイワシは、動物性プランクトンや植物性プランクトンを食べていることがわかります。

3年 科学技術と人間／エネルギー（第1分野）

実験ネタ

おもしろエネルギーの移り変わり実験

> エネルギーの移り変わりを調べる実験は，教科書でよく紹介されています。運動エネルギーが光エネルギーに変換するおもしろ実験をするなら，米国の定番キャンディを使った実験がおすすめです。

　運動エネルギーを光エネルギーに変換する実験としては，氷砂糖をペンチで砕いたり，ハンマーでたたき割ったりすると，光る様子が観察できます。ただし，非常に弱い光のため，生徒によっては確認できないようです。
　そこで，米国では一般的なお菓子「ウィント・オ・グリーン ライフセーバーズ」（Wint-O-Green LIFE SAVERS）の使用をおすすめします。キャンディは，浮き輪の形で，日本人には強すぎるミント味です。通販などで手に入れることができます。

▶手順
①人が入ることができる学校の暗室などに入り，1分ほど目を慣らします。
②その後，鏡を手に持ってから口にキャンディを入れて，砕きます。砕く瞬間に光る様子を見ることができます。

　キャンディに含まれている香料「サリチル酸メチル」に秘密があるようです。サルチル酸メチルは，湿布などにも使われているものです。
　You Tubeで「LIFESAVERS Spark In The Dark」や「LIFE SAVERS MINTS Spark」と検索すると，動画を見ることができます。なお，本校で勤務していた英語指導助手（米国出身）から，噛むと光るキャンディとして有名だと聞きました。氷砂糖のクラッシュよりも，こちらの方が生徒にはよく理解できました。完全な暗闇を感じたことがない生徒も多いことでしょう。暗室などで光がないと，本当に何も見えないという体験も大切だと感じます（これは，光の単元とも関連しています）。

3年 科学技術と人間／エネルギー（第1分野）

疑問ネタ
 頭皮の温度が低い，これはなぜ？

> 熱源から直接届く放射について説明するのに，ある生徒の頭皮の温度を放射温度計で測定してみると，23.5℃しかなかったのです。もう一人の生徒の頭皮は，36.5℃でした。これはなぜでしょうか。

　たき火の熱のように空気のような何かを介して熱が届くのではなく，あたかも光が届くように熱が届くような熱の届き方を放射と言います。放射温度計は，物体から放射される赤外線や可視光線の強度を測定して物体の温度を測定する温度計です。熱源に接触しないで短時間で測定することができます。

　放射温度計は，とても簡単に温度を測ることができます。精度の高いものであれば，空気を圧縮したときの温度の変化もデジタル表示で確認することができます。数字が一瞬で示されるため，生徒が納得するとても有効な道具です。さて，熱の伝わり方で「伝導」「対流」「放射」を学びます。放射とは何かについて学んだときに，放射温度計があることを生徒に伝え，試しに生徒の頭皮の温度を測ります。人間の頭から放出される熱量は大きく，ほぼ体温くらいあると予想を立てるでしょう。ところが，ある生徒は23.5℃しかありませんでした。不思議に思い，別の生徒の頭皮の温度を測定したところ，今度は体温に近い36.5℃ありました。これはなぜでしょう？

　低かった方の生徒は，少し前まで運動場でサッカーをして走り回っていました。そのため，髪の毛が湿るほど汗もかいていました。どうもそこに原因がありそうです。「どうして，君の頭皮の温度が低くなったのかを，水と水蒸気をキーワードとして説明してごらん」

　ここで必要なのは，2年の乾湿計での学びです。湿球の方が乾球よりも温度が低くなります。水が水蒸気になるときに熱を奪うからです。

3年　科学技術と人間／エネルギー（第1分野）

実験ネタ 84　変化のある繰り返しで納得！エネルギー変換

> 空気緩衝材を握ると温度が上昇します。しかし，温度の上昇に納得しない生徒もいます。そこで，圧縮発火器で空気を圧縮することで発火します。変化のある繰り返しを意識した実験により，生徒は納得します。

　運動エネルギーが熱エネルギーに変換される実験としては，水を入れた水筒を振ると水温が上がるなどがあります。しかし，これは，全員がはっきりと納得できないこともあります。

▶実験1

　そこで，おすすめするのが，「トリコン」と呼ばれる空気緩衝材を使う方法です。トリコンは，三角パックのような形状や枕のような形のものがあります。普段から気にしていると，授業で使えるほどの量は確保できると思います。生徒一人ひとりに渡し，手でトリコンを握るとトリコンが温かくな
っているのが理解できます。空気を圧縮すると温度が上がることは，2年の気象の単元にも関連があります。温かくなっているのがよくわからない生徒のために，放射温度計を使って温度を測るといいです。

▶実験2

　トリコンで体験できるのは，ほんのわずかの温度上昇です。そこで，圧縮発火器が登場します。筆者は，ケニスのものを個人購入しました。空気を急激に圧縮することで，乾燥した綿やティッシュペーパーなどを燃やすことができます。目の前で綿の発火点まで温度が上昇し，炎を確認できますから，
見える化には抜群の教材です。

　原理は同じでも，変化をつけて繰り返すところがポイントです。

全学年

教具ネタ 85 塗り絵で基礎・基本事項の定着

> 生徒は，作業をすることが好きです。特に，女子生徒は色を塗ったりすることを好みます。筆者は，生徒の好きなことを通して基礎・基本事項の定着を図ろうと考え，塗り絵をさせています。

色を塗るために，赤と青の色鉛筆を準備するように言っています。最近では，蛍光ペンを使おうとする生徒が多いですが，薄く塗ったりすることができないため，禁止しています。広い面積を塗るにも色鉛筆の方がいいです。

筆者は，忘れた生徒のために100円ショップで購入した容器に赤と青の色鉛筆を用意し，いつでも自由に使えるようにしています。

まずは，1年の入学してすぐに学ぶ花のつくりでおしべやめしべを色分けして塗り分け，色鉛筆のよさを実感させたいものです。

2年では，水分子や二酸化炭素の分子などを色分けするのに使用することができます。また，気象の単元であれば，高気圧と低気圧を色分けしたりするのに用いることができます。このような色の塗り分けをしていると，自然に高い温度と低い温度の違いを色分けで示したりするようになります。飽和水蒸気量を示すグラフなども色分けすることも考えられます。

1年

二酸化炭素分子

2年

全学年

教具ネタ
86 学びのツール　ISB

> 愛媛大学附属中学校の吉本浩司教諭が数学の教材として開発したコミュニケーションボードをISB（インフォメーション・シェアリング・ボード）と筆者が勝手にネーミングし，学びのツールとして利用しています。

　ISBをつくるための準備物は，方眼画用紙・Ｂ４透明フィルム・ホワイトボード用マジックの３つで，簡単につくることができます。すべてのものが100円ショップで準備できます。Ｂ４透明フィルムの中に方眼画用紙を入れると，Ｂ４透明フィルム上にホワイトボード用マジックでグラフを簡単にかくことができます。

　もちろん，各班で話し合ってまとめた考えを書くこともできます。電気分解などのモデル図などは，事前に容器や電極をかいた用紙を印刷し，その用紙を入れ替えることで，生徒がかく手間を減らすことができます。

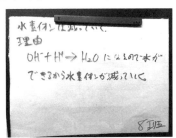
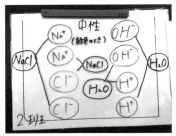
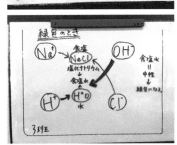

全学年

教具ネタ

ISBを使って学びを理解

> 生徒の言葉だけで生徒の学びを見取り，教師が勝手に理解していると思い込んでしまうことがあります。ここで，ISBを使うと，本当の生徒の思考の様子が見える化されます。

「塩酸にマグネシウムリボンを少しずつ入れたら，溶解した。すべてマグネシウムリボンが溶解したら，さらにマグネシウムリボンを追加して，マグネシウムが溶けなくなるまで行った。このとき，水素イオンはどうなっているのか」について考えました。

ISBを使って班で考えをまとめさせると，次の２つの考えが出ました。
①中和されるので水素イオンが使われて，水素イオンが少なくなる。
②塩酸に入れたマグネシウムから水素が水素分子として出て行くから，水素イオンが少なくなる。

どちらの意見も水素イオンが少なくなると結論づけましたが，十分に理解はしていなかったことがわかります。塩酸にマグネシウムを入れて発生した気体を，マッチの火で調べると，水素が発生していることがわかります。水素イオンがマグネシウムから電子を受け取り，水素原子となり，水素原子が２つくっついて水素分子になって気体として空気中に出て行くから，水素イオンが少なくなるわけです。ただ水素イオンが減っていくという生徒の言葉だけを聞いて，理解していると判断していたのではプロの教師としては失格です。教師と生徒，あるいは生徒と生徒間でこのISBを使い，言葉のキャッチボールで理解を深める，つまり，言語活動の充実がポイントとなります。

このときの生徒のかいた図は，109ページ「学びのツール　ISB」を参照のこと。

全学年

展示ネタ
88 討論を引き起こす理科室の掲示物

> 理科室の掲示物は，生徒の言語活動にも大きな役割を果たします。掲示物を通して，生徒が疑問を抱き，自然に話合いが始まる。そんな掲示物を工夫してみませんか。

　実験方法を紹介していたり，最先端の科学技術を説明したりしているような掲示は，文部科学省や科学財団などから学校に届きます。最新の内容などは，旬の話題として効果があるでしょう。ここで，もう一歩掲示物を利用して，生徒たちに考えるしかけを掲示物でつくってみましょう。

　一般的に，掲示物には答えが書かれていますが，問いに関する答えを記載しないで，何人かの生徒による考えを書いておきます。この掲示物を貼ったとたん，生徒が集まり，問いに対する答えについて討論が自然に始まりました。こんな意図的なしかけのある掲示物づくりに挑戦してみませんか。

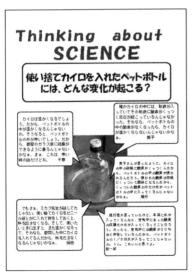
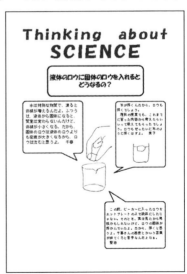

全学年

展示ネタ

考える理科室の掲示物

> 生徒たちに考えさせるしかけの掲示物は、教師が考えなくてもつくることができます。生徒の疑問や意見をまとめていけばいいのです。級友の意見が気になって、自然に生徒が集まることでしょう。

　ある研究会で、県の指導主事さんが理科室の掲示物について助言をされました。「アメリカでは、答えが書かれていない掲示物を掲示しており、生徒に思考させるきっかけをつくっている。そんな掲示物をつくってみませんか」と。筆者は、そのときの助言のキーワードが「Thinking about SCIENCE」だったので、それを表題として使っています。

　アメリカで出される宿題は、自分で考えなければいけないものとなっています。ネットで調べたり、何かに書いてあるものを写したりしたら完成するものではないわけです。とにかく「考える」がキーワードになっています。

　この掲示物を通して、生徒に「考える」きっかけを意図的につくりたいわけです。教師がこの掲示物をつくるのもいいですが、生徒につくらせてみてはいかがでしょうか。

　例えば、授業で出てきた疑問をまとめてポスターにし、そこから授業を展開することも考えられます。

　また、授業の終わりに疑問に思ったことを付箋紙に書かせ、それをまとめたもので掲示物をつくってみてはいかがでしょうか。自分以外の友達がどんな疑問をもっているのか知りたいと思う生徒が集まること間違いなしです。

　ビデオを見た後で、その感想を付箋紙に書かせ、それをまとめてみてもいいでしょう。自分の考えが掲示物となると、しっかり書きなさいなどと言わなくても、自然にきちんと書こうとするはずです。

全学年

試験ネタ

90 逆巻き時計理論でつくるテスト問題

> ふだんの授業の中で，定期テストを意識して指導をしておくことが必要です。評価をするためのテストではなく，ふだんの授業を評価するためのテストとなるよう工夫することです。

　脳科学者の茂木健一郎さんは，「脳は，試行錯誤を経ることで脳内に強固なシナプスが形成され，やがてひとつの行動に練達していきます。これを『強化学習』といいます。この強化学習のサイクルを回すことが大切です。そのためには，『学習の喜び』を感じることが大切なんです」と書かれています。わかったという実感がもて，自分の努力したことがきちんと結果になって表れるようにするには，事前に授業の中でしかけておくことが大切です。それが，「学習の喜び」を感じるきっかけになると考えます。そのためには，事前に何を勉強すればいいかをはっきりさせることが必要です。

　筆者は，形成的テストを授業中に実施しています。つまり，授業で学んだ内容が本当に定着しているかを確認するテストです。そして，その類似問題を定期テストで出題しています。具体的にどのような問題が出るのか示しているのですから，生徒にとっては取り組みやすくなるわけです。つまり，ふだんの授業でやっていることをテストするのです。真面目にやっている生徒が評価されるようなテスト問題をつくるわけです。事前にテスト問題をどのような問題にするかが決まっています。このテスト問題ができるレベルまで到達することが目標なわけです。ですから，そこに到達するためにはどのように指導すればいいかにこだわった指導ができます。これにより，目標と指導と評価の一体化が図られた授業改善に結びつけることができます。

〈参考資料〉
○茂木健一郎『脳を活かす勉強法』（PHP研究所）

全学年

教具ネタ
91 簡単に拡大する書画カメラ

> 最近の書画カメラは、とても性能が向上しました。しかし、虫歯予防のために使われる歯の口腔チェックカメラ（内視鏡カメラ）は、簡単にいろいろな箇所を拡大することができるため、とても重宝します。

　私が使っているのは、「見歯るくん」という有線ビデオ出力のものです。最近では、USB接続のものも出ているようです。倍率はテレビの大きさによりますが、30〜75倍ほどです。もともと歯を見るためのものですが、理科の時間にルーペ代わりに利用

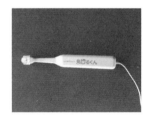

するといいです。「ヘアーチェック」と言ってから、頭皮の様子や肌の様子を見ると、生徒が喜びます。毛穴などが鮮明に観察できます。

▶その1　汗が出る場面を観察

　夏の暑い日に、手をぎゅっと握り、手を開いた後にこの「見歯るくん」を近づけると、汗腺から汗がにじみ出てくる場面をクラスみんなで観察することができます。

▶その2　おしべの数などを観察

　1年の花のつくりにおいては、この「見歯るくん」を近づけると、おしべやめしべをクラスみんなで観察できます。おしべの数などを手軽に確認することができます。双眼実体顕微鏡などで観察することを考えると、かなりの時間短縮になります。

▶その3　造岩鉱物などを観察

　火山灰などの造岩鉱物やテレビの画面（3色で構成）などを簡単に拡大観察できます。

全学年

説明ネタ

目指せ！ 歌う理科教師

> 右脳も使って学習内容を定着させませんか。東京工業大学名誉教授の本川達雄先生は，生物学についての歌で有名です。ギターが弾ける方なら，簡単に授業で活用できます。目指しませんか，歌う理科教師！

「前まで理科にあまり興味がありませんでしたが，いろいろ大切な語句を簡単に覚えられる歌があったりして，少しずつ理科が好きになってきました。理科は苦手なので，きちんと自分の意見をもつことが大切だと思いました」

筆者は，授業で歌を歌うことがあります。これまでの科学教育では論理的に考えることとして，左脳で理解しようとしてばかりいなかったでしょうか。科学の理解に右脳を使い，楽しみながら知識を確実なものにしようというわけです。ワクワクして覚える方が，絶対に定着がいいはずです。本川達雄『歌う生物学　必修編』（阪急コミュニケーションズ）が参考になります。科学の基本事項を歌にしています。高校生物の内容ですから，すべてを使用することはできませんが，「単細胞」「母の愛は包む（被子植物のうた）」などは中学校でも使えます。簡単なコードしか使っていないので，ギターが少し弾けるなら弾き語りも可能です。音の実験のためにも理科室にギターを！

筆者は，みんなが知っている曲（チューリップなど）の替え歌バージョンで歌っています。ここでは消化についての歌を紹介します。「でんでんデンプン　ブドウ糖　タンパク質は　アミノ酸　脂肪は　脂肪酸　と　モノグリセリド」とみんなもよく知るメロディーを使って弾き語りをします。あるとき，高校入試でタンパク質や脂肪の消化について出題されました。試験終了後，女子生徒が私に「先生が授業でここを歌にして歌ってくれていたので，歌を歌ったら忘れていた言葉が出てきたので，できました」と報告してくれました。まさに，彼女は右脳を使って覚えていたのです。

全学年

教具ネタ

ビデオ教材を見た後の共有

> どうしても実験が行えない単元や分野では，ビデオの試聴も重要な教材です。ただ試聴するだけではなく，そこに＋αを付け加えて，生徒同士で学び合う時間を設定することは，とても有効であると思います。

　実験ができない単元や分野では，ビデオの視聴も重要な教材となります。特に，マグマが地表に噴き出し，地表面を流れている様子などを見ることは実際にはなかなかできることではありません。筆者は，火山の単元では直接火山活動を観察する火山学者として広く世界で知られている「モーリス・クラフト夫妻」の火山ビデオを見せています。

　視聴覚教材は，インターネット上にも見つけることができます。NHKの番組もクリップ形式で学習指導要領から検索することができるサイトもあります。うまく使用すれば，生徒の理解を深めることにつながります。

　筆者が大学生のときに学んだ理科教育法担当の先生は，必ず授業の最後に小さな紙に「本時で学んだことや疑問に思ったこと」を自由に書かせていました。そして，次回の授業で受講者全員の記述をプリントにして配付していました。他の人が書いた文章を読むことで，自分の考えに自信をもったり，気づいていなかった点を理解したりすることができました。

　そこで，ビデオ試聴前に後で感想を記入することを伝え，ビデオ試聴メモの用紙を配付しておきます。ビデオ試聴の後，名刺くらいの大きさの付箋紙を配付し，記名をさせて自由記述させます。提出は，印刷のことも考えて白い紙に貼り付けさせます。次時において，生徒の感想を印刷して配付すると理科室が静かになり，各自の感想に目を通します。友人の感想から新たな学びを得たり，自分との考えの違いに気づいたりすることになります。場合によっては，班内で意見交換して発表し合うなど，いろいろな工夫ができます。

全学年

実験ネタ

94 実験ショーに挑戦

> 青少年のための科学の祭典などで実験ショーをすることは，授業レベルを上げることにつながります。実験ショーは，小学1年生くらいから大人までの幅広い年齢層を対象に行うため，どう見せるかを学ぶことにつながります。

　青少年のための科学の祭典や科学博物館などでは，実験ショーが行われています。その実験ショーには，ふだんの授業では考えない重要なポイントがあります。それは，対象が小学1年生から大人と幅広いことです。ときには，小学生ばかりのこともあります。そのときの状況に応じて説明の仕方や見せ方を変える必要があります。また，反応によって，準備していたネタの構成を変えたりもします。以前，筆者の住んでいる八幡浜市にもおいでになった現東京理科大学教授川村康文先生は，実験ショーの前にギターの弾き語りをしてお客さんを呼んでいました。まさに役者になることも必要とされます。

　初めて実験ショーに取り組んだときには，いろいろなテーマについてつまみ食いをするような実験ショーでした。科学博物館などの実験ショーも参考にしながら，徐々に1つのテーマについて変化のある繰り返しにより理解を深めるようなものにバージョンアップしています。また，こちらがただ実演するだけでなく，お客さんとの対話も大切にするようになってきています。1つのステージの中でいくどか意図的にお客さんにもやってもらう場面も考えないと，お客さんが帰ってしまいます。ですから，授業構成力の向上にもつながると思います。ここで開発したネタは，授業に活かされます。実験ネタの引き出しがどんどん増えていくことになります。

　「八西ニュース　過去の放送内容」で検索すれば，「過去の放送一覧｜愛媛県西宇和郡八西CATV」のHPが出ますので，その中の2016.11.14放送分または2015.11.16放送分をご覧ください。

全学年

試験ネタ
95 実物を持ち込む定期テスト

> 今の時代は，カラー印刷のテストも作成できますが，授業で行った内容が本当にできているのかを確認するためには，手触りや色合いや匂いなども総合的に判断できる実物を持ち込んで行うテスト問題を作成してはいかがですか。

実験で使用した物質を持ち込む例を2つ示します。

▶鉄と酸化鉄

酸化の実験で使用した鉄（スチールウール）と酸化鉄を右の写真のように紙に貼り付けたものを列ごとに1つずつ準備します。前から後ろまでテスト中に回して，その名前と「特徴」や「判断した理由」などを記入させます。

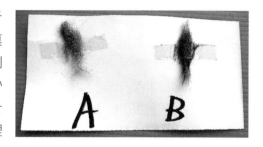

このテストにより，物質名と実物とが関連づけできているかを評価することができます。また，授業中にしっかりと観察して記録しておけば，記入できますから，観察や記録をしっかりとするようになります。

▶火山岩と深成岩

火山岩と深成岩の観察で使われる代表的な岩石は，安山岩（火山岩）とかこう岩（深成岩）でしょう。授業中に，パフォーマンステストで評価することも可能でしょうが，実際に岩石を定期テスト中に回し，その名前と岩石のつくり（はん状組織・等粒状組織）やできた場所（地表や地表付近・地下深く）などについて記入させます。

岩石に記号をつけておき，「有色鉱物が多いものから少ないものに並べなさい」という問題もつくることができます。

全学年

展示ネタ
96 プテラノドンが理科室でお出迎え

> 博物館のような来るだけで楽しいと感じる理科室にするために，理科室の入り口にプラスチックダンボールで作成したプテラノドンを配置しました。廊下が狭い学校でも上空間に配置するため，設置が可能です。

　以前は，板をくり抜いて恐竜や昆虫の立体模型をつくるおもちゃが100円ショップで売られていました。最近は見かけませんが，「恐竜　ダンボール」などのキーワードで検索をすれば，ダンボールなどでつくることができる恐竜や昆虫などを見つけることができます。

　それを参考にして，プロジェクターなどを使ってプラスチックダンボールに合わせて拡大して部品をつくり，それを組み合わせると大きな立体模型が簡単に作成できます。

　危機管理の面から，安心・安全な設営も大切な要素になります。そのため，廊下をふさぐ設置とならないよう，空中を飛ぶ様子が見られるプテラノドンの設置を考えました。上を向く機会をつくるために，掲示板も作成してプテラノドンにぶら下げました。

　理科室に来るたびに，上を見上げるとプテラノドンが出迎えてくれる。来るのが楽しくなる理科室の象徴として，つくってみてはいかがでしょうか。

全学年

教具ネタ

新聞記事で最新情報を紹介

> 理科の授業で学んだことが、ただの知識となるだけでなく、日常生活の中で生きた活用をさせたいとは思いませんか。そこで役立つのが新聞記事の活用（NIE）です。最新の新聞情報を使って、学びとリンクさせましょう。

　これからの教育課程は、「社会に開かれた教育課程」がキーワードとなっています。学んだことをただの知識として習得させるのではなく、社会や日常生活とどうかかわっているのかが理解できるように工夫し、学んだことが活きて働くものにすることが大切です。これにより、学びの意欲が高まり、深い学びに広げることができます。将来は理科に関連した職業に就きたいと考える生徒を増やすことにもつながると思います。

　そのための工夫の1つとして、最新の社会の情報を新聞記事で紹介することをすすめます。筆者は、新聞の記事で理科の授業に関連のありそうなものを切り抜き、単元別に分けています。そして、その内容について学んだ後に印刷して使用しています。その記事を読んでの感想も書かせています。

　iPS細胞、遺伝子、地震などの最新の情報もいいですが、ショートにより火事が起こった、などの学んだことを考えさせる記事も大切にしたいと考えます。

　例として、切り抜いた記事の内容を以下に紹介します。
▶その1　愛媛新聞2016年4月10日より
　東京湾で、8割近くのカタクチイワシの内臓から「マイクロプラスチック」が検出されたという記事。
▶その2　八幡浜民法2010年1月23日より
　ペットボトルがレンズとなって太陽光が収束し、「収れん火災」が発生したので、冬場は特に注意する必要があるという記事。

全学年

説明ネタ
98 話合いは起立して

> 理科においては，予想や仮説を立てる場面や結果を整理し，考察し，結論をまとめる場面において話合いをすることは，思考力・表現力等を高めるために重要です。この話合いを場面に応じて起立して行いましょう。

　教師から教わる（Teaching）から，自ら学ぶ（Leaning）への授業改善が求められています。そのためには生徒の話合い活動（言語活動）を充実させ，思考力・表現力等を高める必要があります。

　一般的には，座って話し合うことが多いと思います。そこで，ときには，立って話合いをさせてはいかがでしょうか。話し終わった班から座るよう指示を出しておきます。これには，次の利点があります。

・話合いが終わった班から座るので，進行具合を把握できる。そのため，時間を有効に使うことができる。立っている班に助言をするなど対応が可能となる。

・立つことにより，集中して話合いに参加することができ，話し合う雰囲気となる。

　立って話し合うため，自然と頭が近づき合います。また，手も動かしやすいので，充実した話合いとなります。この本で紹介しているＩＳＢ（インフォメーション・シェアリング・ボード）も適切に活用すると，さらに深い話合いとなります。

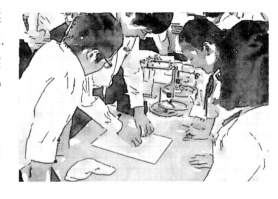

全学年

展示ネタ

99 眠っているグッズを展示

理科準備室には，展示用のグッズがたくさんあります。しかし，授業の中で一瞬提示するものの，ゆっくりと博物館のように見ることができないことが多いようです。授業を振り返る展示，やってみませんか。

赴任したばかりのころは，どこにどんな教材があるのかわからず，授業の準備に時間がかかります。これは，他の教科にはないデメリットでもありますが，メリットでもあります。せっかくなら，次のような教材を見つけたら展示をするために使用しましょう。準備室に眠らせておくのであれば，うまく生徒のために活用すべきだと思います。

学んだことを振り返るきっかけにもなります。また，新しいことに興味をもつきっかけにもなります。授業以外でも学ぶしかけを教師が楽しんでいることが，生徒の心に火を灯すことにつながると信じています。

▶例1　示準化石の展示

手に触ってもいい化石を展示するだけで，興味・関心は高まるのでは。

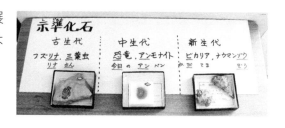

▶例2　分子模型の展示

授業でも使わない分子模型が眠っていたりします。こんなものこそ，展示しましょう。

全学年

実験ネタ
100 理科室を意識させる実験

> 実験は，授業中に行うのが一般的です。しかし，時間をかけて行う実験もあります。ときには，生徒が何回も気になって見に来るような実験をしかけてみてはいかがでしょうか。

1時間の授業で完結するのもいいでしょうが，探究心をくすぐるしかけをして関心・意欲を高めることも必要だと思います。次のような実験を，1日あるいは1週間，次の理科授業までやってみると，生徒にも教師にも新しい発見があります。

▶1年　結晶づくり

ミョウバンの結晶づくりは，毎日世話をすることが必要です。世話をしないと，いくつかの結晶がくっついたまま大きくなります。

▶2年　使い捨てカイロを使うと質量はどうなる？

使い捨てカイロの化学反応が酸化であることを理解しておけば，重くなることは理解できます。しかし，実験コーナーをつくってやることで，意識させることに意味があります。

▶3年　食塩水に木炭とアルミニウムはくでつくった木炭電池

濃い食塩水を染みこませたペーパータオルを木炭（備長炭）に巻き，その上にアルミニウムはくを巻きます。そして，太陽電池モーターの＋を木炭に，－をアルミニウムはくにつなぎます。木炭電池の変化とともにどのくらいの時間回るのかを観察させます。翌日まで回っている班があり，生徒から歓声が上がります。

おわりに

　筆者は，大学で工学部の工業化学科を卒業しました。4年生の卒業論文で生体を模倣する化学（バイオミメティックケミストリー）について研究し，世界でだれも知らないことを明らかにすることの楽しさを知りました。そのとき指導していただいた大学の先生から，課題を解決することの難しさや楽しさ，そして，探究する力，仲間とコミュニケーションを取ること，今の教育界のキーワードともなっている主体的・対話的で深い学び（アクティブ・ラーニング）をさせていただいていたと感じます。

　筆者の恩師は，講義の1時間前には必ず自室にこもって準備をし，講義の流れをシミュレーションされていました。その時間の教授室には絶対に電話をかけたり，行ったりできませんでした。「鶴の恩返し」に出てくる部屋のように，決して覗いたり開けたりしてはいけないほどの緊張感がありました。恩師は，毎時間，ドキドキするほどの緊張感をもって教壇に立たれておられました。筆者は，講義に向かう後ろ姿を研究室から見送りました。言葉ではなく，後ろ姿で授業への心構えを示していただき，学ばせていただきました。

　筆者の授業に取り組む姿勢は，この後ろ姿からの学びが原点です。先日，一流の音楽家の方も同様の話をされていました。毎回コンサート前には，かなり緊張して舞台に立つそうです。教えることの原点は，初心を忘れず，毎回ベストのものを出そうとする気構えだと考えています。

　筆者が大好きなフォークシンガー松山千春氏が，次のような言葉を話されています。
　「私のコンサートはいつも特別だから」
　筆者の授業もこうありたいと思います。これから都会で起こっている新規採用教員の大量採用が，田舎においても起こるでしょう。そんなとき，新規採用教員から「授業を見せてください」と依頼があったら，
　「いいですよ。私の授業はいつも特別だから。いつでも見に来てください」

そんな回答ができるよう，授業づくりへの気概を忘れず，ワクワクしながら授業へ向かいたいといつも考えています。とにかく学び続けるしかないのです。生徒は，授業準備をワクワクしながら行っている教師からしか，学ぶことはできないと思います。

　先日，あるお寺に，
　「母が拝めば　子も拝む　後ろ姿の　美しさ」
と書かれているのを見つけました。筆者も，次の世代の先生方に少しでも後ろ姿で伝えられるほどの人に成長できるよう，学び続けたいと考えています。
　今回，この本を出版するにあたり，自分の理科授業を振り返りました。ここで紹介したものは，筆者のオリジナルというよりも，多くの先生方から学ばせていただいたものをまとめたものです。筆者が教わった理科好きの生徒を育てるポイントが，後輩の先生方に少しでも伝わることを願っています。

　この単行本執筆のお話をいただいてから，かなりの年月が経ちました。
　「できるかできないかではない。やるかやらないかである」
　これは，ある小学校の学級で見つけた言葉です。覚悟を決めて，何とかそれをやろうとすること。とにかく行動することの大切さを表していると思います。この言葉を胸に，何とか本著作を誕生させることができたのは，これまでに出会った生徒や先生方，そして赤木恭平氏のおかげです。心よりお礼申し上げます。
　教師の仕事は，定時に終了とはいきません。うまくいかないことも多いです。失敗することの方が多いかもしれません。最後まで諦めず，教師になったときの初心を時々思い出して，いつまでも学び続け，子どもとともに成長する教師でありたいものです。知的で子どもの思考に寄り添い，子どもの心に火が灯せる授業実践が広がることを願っています。
　2017年4月

三好　美覚